Grundschule

Susanne Deluge

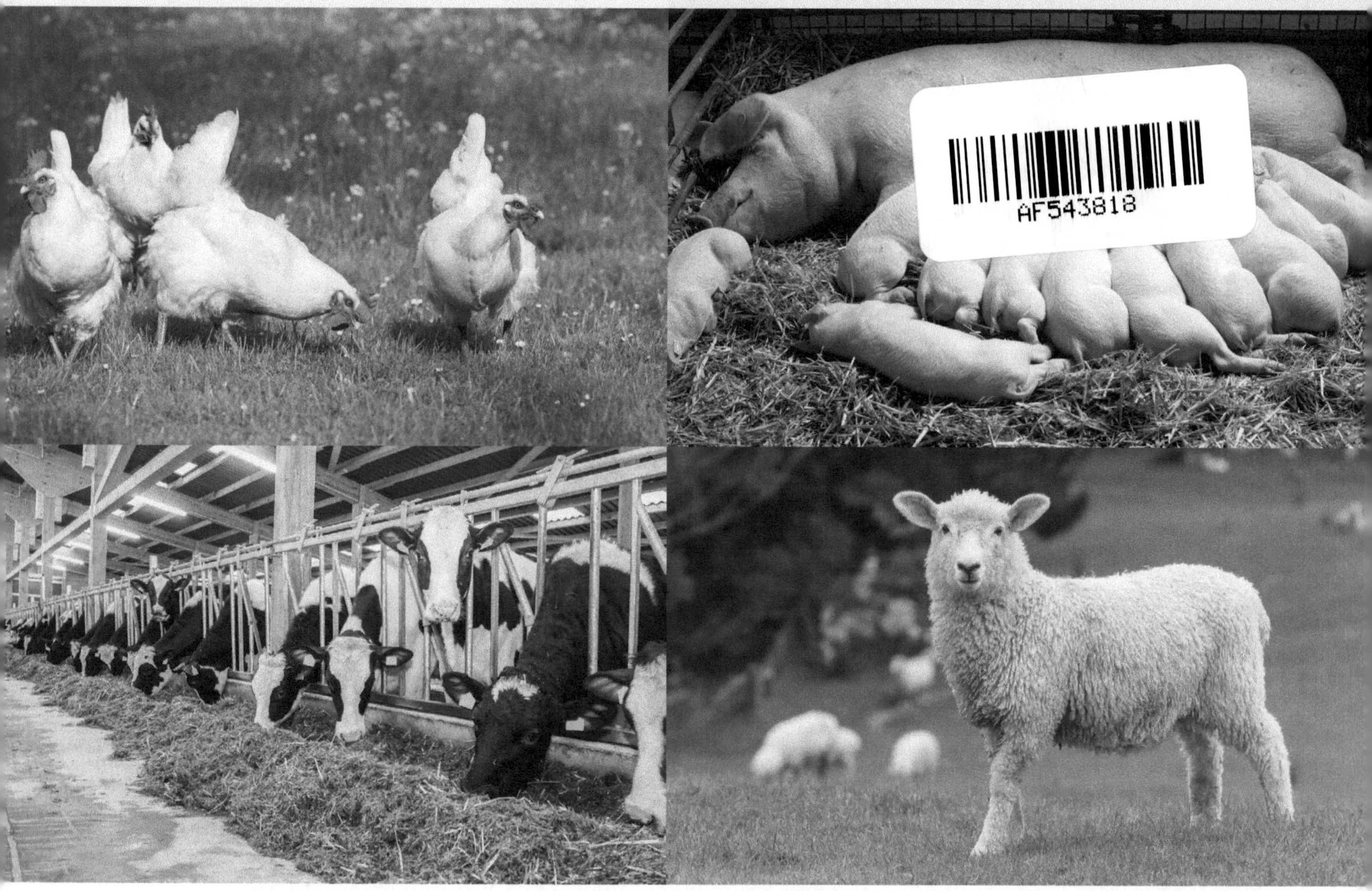

Lernwerkstatt Nutztiere in der Landwirtschaft

Huhn, Schwein, Kuh, Schaf und Co

www.kohlverlag.de

Lernwerkstatt NUTZTIERE IN DER LANDWIRTSCHAFT

Hund, Schwein, Kuh, Schaf und Co

7. Auflage 2025

Inhalt: Susanne Deluge
Umschlagbild: © Javier Castro - fotolia.com
Redaktion: Kohl-Verlag
Grafik & Satz: Satz & mehr, Bad Nenndorf
Druck: elanders Print, Waiblingen

Bestell-Nr. 11 861

ISBN: 978-3-95686-461-2

Bildnachweise © Fotolia/AdobeStock.com:

S. 3-64: countrypixel; S. 5: Tina Damster, andrea lehmkuhl, Sven Cramer, mg85, tigatelu; S. 6: rostyle, Belkin & Co; S. 7: Eugenio, visible3dscience, kerenby; S. 8: nicolasprimola, Sven Cramer, Tina Damster, mg85, Fiedels; S. 9/10: blueringmedia; S. 11: stylefoto24; S. 12: Annibell82; S. 13: Seamartini Graphics; S. 15: photocrew, pixelwebphoto, Daorson, fineart-collection; S. 16: racamani, DeshaCAM; S. 17: ket167600, wildworx, RAM, laguna35, baibaz; S. 18: Seamartini Graphics, blueringmedia; S. 19: Carola Schubbel; farbkombinat, 169169; S. 20: richardlyons, Igrik, countrapixel, Zerbor, bereta, Printemps, fotografci, Daniel Ernst, womue, Emwe, nupho; S. 21: tigatelu, Baronb; S. 22: Bergringfoto, hydebrink, its FR!TZ; S. 23: Juli Puli; S. 24: Sabine Glässl; S. 25: jagodka, Carola Schubbel, hemlep, Rita Kochmarjova, zuzule, New Africa; S. 26: farbkombinat, Lukas Gojda, Jacek Chabraszewski, Dmitry Naumov, armushik, Printemps, ReuterSB, tigatelu; S. 27: nikkytok, kristo74, efesenko; Zerbor, GreenArt Photography, kab-vision, racamani; S. 28: ksenyasavva, richardlyons, Richard Villalon; S. 29: Budimir Jevtic, countrypixel, SusaZoom, fotomaster; S. 30: kyslynskyy, fotomaster, Rainer Fuhrmann; S. 31: fotomaster, Eric Isselée; S. 32: Budimir Jevtic, dusanpetcovic1, cuhle-fotos; S. 33: Flo-Bo, fotomaster, countrypixel; S. 34: Fischer Food Design; S. 35: Gabriele Malitini; S. 36: dusanpetcovic1, photocrew, Quade, maho; S. 37: Tesgro Tessieri, photocrew, rdnzl; S. 38: Schlierner, hjschneider, belamy; S. 39: rdnzl, Gerhard Wanzenböck, frenta; S. 40: fotomaster, Pixelot, Edler von Rabenstein, Alexander Raths; S. 41: lantapix, normankrauss, Martina Berg, pelena, kamera_d; S. 42: Dusan Kostic, julien tromeur, pelena, Vladyslav Siaber, MAJGraphics; S. 43: Don Purcell, Vitalina Rybakova; S. 44: pelena; S. 45: Valentina R., motorolka, Anatolii; S. 46: Ingo Bartussek, kamera_d, hotgreenscreen, Piumadaquila; S. 47: danielschoenen, Daniel Berkmann, pelena; S. 48: Christine Wulf; S. 49: buhanovskiy, nipaporn, fineart-collection, Christian Jung, Richard Oechsner, photocrew; S. 50: uckyo; S. 51: Tim UR, carmenrieb, Quade, Firma V, Paulista; S. 52: Vitalina Rybakova, Alexander Potapov, MIGUEL GARCIA SAAVED; S. 53: Distraction Arts, julien tromeur, casfotoarda; S. 54: agneskantaruk, julien tromeur, bettapoggi; S. 55: als, Anatolii, Kletr, guy, Anzhela; S. 56: amenic181, K.C.; S. 57: andrea lehmkuhl, Tina Damster, Sven Cramer, mg85, iaroslava, Syda Production; S. 58: Fiedels, mg85, Tina Damster, Sven Cramer; S. 59: blueringmedia; S. 60: Emwe, nupho, womue, jagodka, Carola Schubbel, hemlep, Rita Kochmarjova, zuzule; S. 61: ksenyasavva, Budimir Jevtic, dusanpetcovic1, cuhle-fotos; S. 62: Alexander Raths; S. 64: photocrew, Christina Jung, fineart-collection, Richard Oechsner, als, Anatolii, Kletr, guy;

© wikimedia.org: S. 19: Idisslarmage – gemeinfrei; S. 48: The_Waits_of_Bremen_and_the_Borders – gemeinfrei; Alle anderen Abbildungen: © bei der Autorin

Unsere Lizenzmodelle

Der vorliegende Band ist eine Print-Einzellizenz

Sie wollen unsere Kopiervorlagen auch digital nutzen? Kein Problem – fast das gesamte KOHL-Sortiment ist auch sofort als PDF-Download erhältlich! Wir haben verschiedene Lizenzmodelle zur Auswahl:

	Print-Version	PDF-Einzellizenz	PDF-Schullizenz	Kombipaket Print & PDF-Einzellizenz	Kombipaket Print & PDF-Schullizenz
Unbefristete Nutzung der Materialien	x	x	x	x	x
Vervielfältigung, Weitergabe und Einsatz der Materialien im eigenen Unterricht	x	x	x	x	x
Nutzung der Materialien durch alle Lehrkräfte des Kollegiums an der lizenzierten Schule			x		x
Einstellen des Materials im Intranet oder Schulserver der Institution			x		x

Die erweiterten Lizenzmodelle zu diesem Titel sind jederzeit im Online-Shop unter www.kohlverlag.de erhältlich.

Inhalt

Vorwort

Liebes Lehrpersonal, Schülerinnen und Schüler,

vom Huhn zum Schwein über die Kuh bis zum Schaf werden hier Tiere mit dem Nutzen für den Menschen genauer unter die Lupe genommen. Sie dienen als Helfer im Landbau, Lieferant für Lebensmittel oder Spender von Nutzmaterialien wie z.B. Wolle. Der ökologische Kreislauf wird erfasst, verstanden und zweckdienlich beleuchtet.

Das Konzept

Nutztiere sind für uns lebensnotwendig. Ohne sie hätten wir in unserer modernen Welt Schwierigkeiten Nahrung, Kleidung und ganz viele weitere Waren des täglichen Lebens zu erhalten. Wir möchten euch die Nutztiere in der Landwirtschaft näher bringen, damit ihr seht, wo die Lebensmittel und noch viel mehr herkommen.

Wir stellen euch verschiedene Nutztiere vor und zeigen Euch wie sie leben und welchen Nutzen wir Menschen von ihnen haben. Wichtige Informationen über ihre Lebensweise und wie sie zu Nutztieren wurden werdet ihr hier erarbeiten.

Natürlich wird nicht nur gebüffelt. Rätsel sowie interessante Spiel- und Spaß-rubriken werden euch die Zeit kurz werden lassen.

Viel Freude und Erfolg wünschen das Kohl-Verlagsteam und

Susanne Deluge

Hinweise für Lehrer

Die Kopiervorlagen dieser Lernwerkstatt lassen sich unabhängig voneinander im normalen Unterricht ebenso einsetzten wie in der Freiarbeit, z.B. in Form von Wochenplanarbeit oder Stationenlernen. Die Aufgaben umfassen verschiedene Fachbereiche, z.B. Biologie, Sachkunde, Erdkunde, Deutsch. Wichtig wäre die Möglichkeit des Internetzugangs für die Schüler und/oder aber die Bereitstellung von verschiedenen Büchern (z.B. Duden, Biologiebuch, Lexika o.ä.) zur Erarbeitung bestimmter Aufgaben.

<u>Symbolerklärung</u>:

Einzelarbeit

Partnerarbeit

Gruppenarbeit

1. Was heißt eigentlich Nutztier?

Als **Nutztier** bezeichnet man ein Tier, das von Menschen wirtschaftlich genutzt wird.
Darunter fallen Mast- und Schlachttiere (Fleischtiere), Milchtiere, Fett-, Leder-, Daunen-, Honig- oder Felllieferanten. Nutztiere dienen uns Menschen insbesondere für die Versorgung mit Nahrung.
Jedoch nutzen wir nicht nur das Fleisch, sondern verwenden ebenso alle anderen tierischen Bestandteile für unser tägliches Leben.

<u>Aufgabe 1</u>: *Oben sind Tierarten abgebildet, die zu den Nutztieren gezählt werden. Schreibe drei, die du erkennen kannst, auf:*

1. ______________________________
2. ______________________________
3. ______________________________

<u>Aufgabe 2</u>: *Oben sind in Fotos die Tierarten abgebildet, die zu den Nutztieren gezählt werden. Schreibe die Tierrassen in dein Heft und nenne zwei weitere, die nicht abgebildet sind.*

KOHL VERLAG
Lernwerkstatt NUTZTIERE IN DER LANDWIRTSCHAFT
Huhn, Schwein, Kuh, Schaf und Co. – Bestell-Nr. 11 861

2. Die Geschichte der Nutztierhaltung

Vor über 13.000 Jahren begann der Mensch seine Lebensweise zu ändern. Nach und nach wurde in einzelnen Regionen der Erde „echter" Ackerbau betrieben. Dieser Fortschritt hat den Alltag der Menschheit stark verändert. Zuerst gingen die Menschen weiterhin auf die Jagd, doch entwickelten sich da bereits die ersten Schritte zur Nutztierhaltung und die Menschen wurden sesshaft.
Im vorderasiatischen Gebiet gab es unter anderem das Wildschaf und die Bezoarziege, die wilden Vorfahren der uns bekannten Schaf- und Ziegenrassen. Hier fanden Jäger verlassene und verwaiste Jungtiere, die sie mit nach Hause nahmen und aufzogen.

Aufgabe 1: *Schreibe auf, mit welchen Tieren die Nutztierhaltung begann.*

1. ____________________ 2. ____________________

Die Tierkinder wurden gepflegt und gefüttert und den Tieren ging es bei den Menschen so gut, dass sie Nachwuchs bekamen. Die Schafe und Ziegen waren für die Jagd sogar nützlich, da sie wildlebende Verwandte angelockt haben, die so gejagt werden konnten. Aus diesen Wildtieren wurden vor etwa 10.000 Jahren die ersten domestizierten (häuslichen) Schafe und Ziegen gezüchtet.

Aufgabe 2: *Vor wieviel Jahren begannen die Menschen, die ersten Nutztiere zu züchten? Kreuze an.*

☐ 7000 Jahren ☐ 10.000 Jahren ☐ 13.000 Jahren

Aufgabe 3: *Schreibe die Antworten in dein Heft und bilde ganze Sätze:*

a) In welchem Gebiet kamen die ersten wilden Vorfahren unserer Nutztiere vor?
b) Wozu waren die Tierkinder, die die Jäger gefunden haben, noch nützlich?
c) Was bedeutet das Wort „domestiziert"?
d) Wieso änderte die Nutztierhaltung das menschliche Verhalten?
e) Was machten die Menschen zu Beginn der Nutztierhaltung außer Tierzucht?

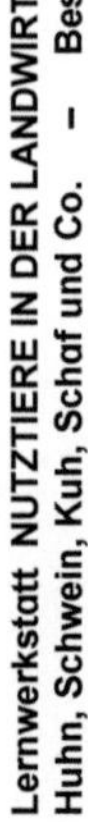
Lernwerkstatt NUTZTIERE IN DER LANDWIRTSCHAFT
Huhn, Schwein, Kuh, Schaf und Co. – Bestell-Nr. 11 861
KOHL VERLAG

2. Die Geschichte der Nutztierhaltung

Wo begann die Nutztierhaltung?

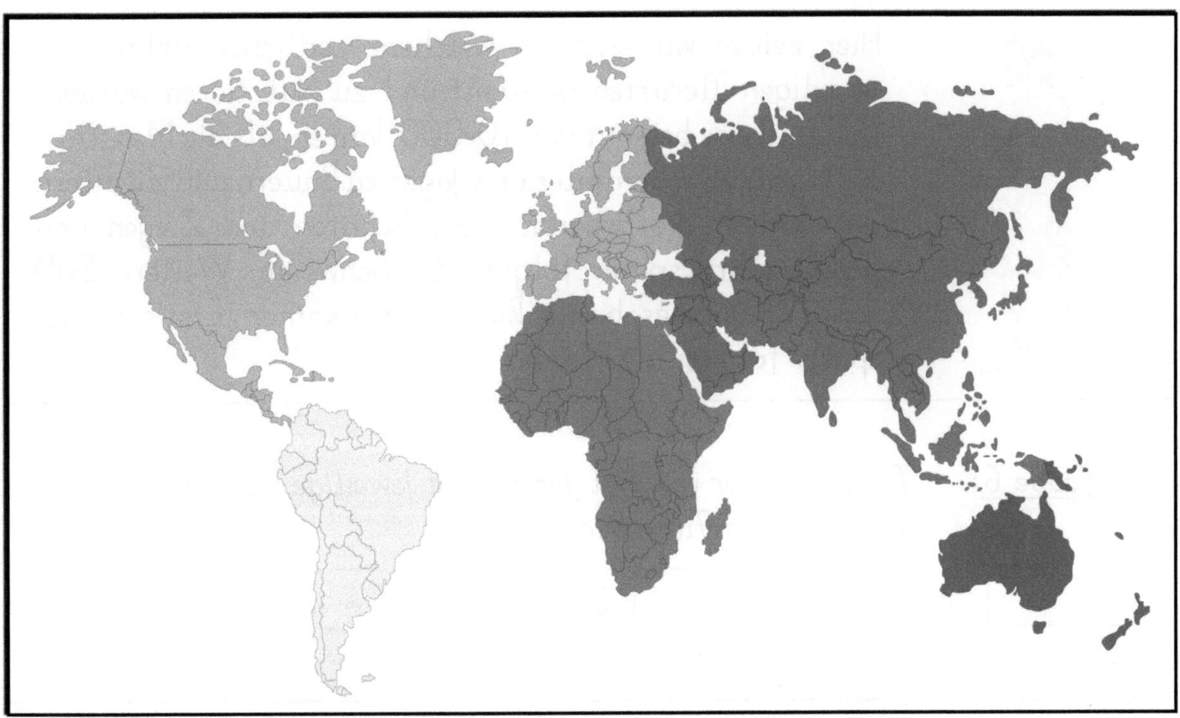

Aufgabe 4: *Wo begann die Nutztierhaltung? Kreuze an.*

- [ ] Europa
- [ ] Afrika
- [ ] Asien
- [ ] Australien

Aufgabe 5: *Beschriftet die Kontinente in der Karte.*
Tipp: Ihr könnt dazu euren Atlas zur Hand nehmen.

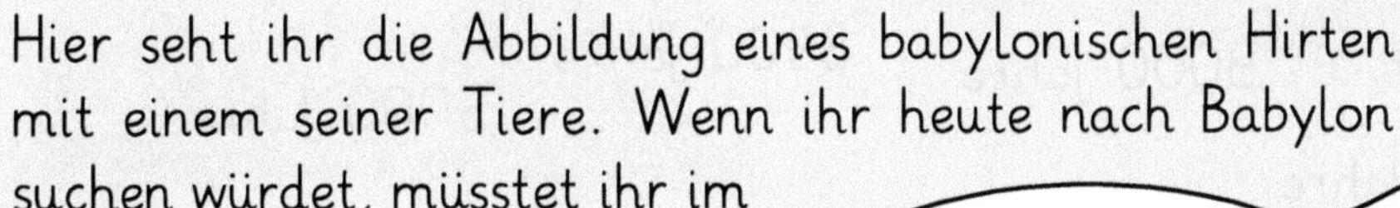

Hier seht ihr die Abbildung eines babylonischen Hirten mit einem seiner Tiere. Wenn ihr heute nach Babylon suchen würdet, müsstet ihr im

IRAK

nachsehen.

Tja, damals gab es noch keine Hunde, die den Hirten halfen.

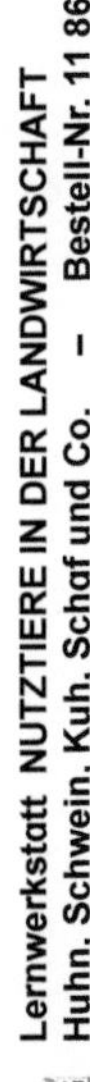
Lernwerkstatt NUTZTIERE IN DER LANDWIRTSCHAFT
Huhn, Schwein, Kuh, Schaf und Co. – Bestell-Nr. 11 861
KOHL VERLAG

2. Die Geschichte der Nutztierhaltung

Wann begann die Nutztierhaltung?

Hier zeigen wir euch, in welchem zeitlichen Ablauf die jeweiligen Tierarten gezähmt und zu Nutztieren wurden. Die Zeitreise beginnt vor 10.000 Jahren, als die Menschen anfingen, vom Sammler und Jäger zu Bauern und Züchtern zu werden. Sie begannen mit Schafen und Ziegen und 1000 Jahre später folgten die Schweine. Weitere 500 Jahre dauerte es, bis die Rinder hinzukamen. Erst sehr viel später folgten die Pferde.

Aufgabe 6: *Tragt ein, vor wie viel Jahren die jeweilige Nutzung der aufgeführten Tiere begann:*

[ ] Pferde [ ] Schweine [ ] Kühe

Daraus folgt, bis vor ungefähr 5000 Jahren mussten die Menschen zu Fuß gehen und bis vor 8500 Jahren auch die Äcker selbst bestellen.

EA **Aufgabe 7**: *Wann wurde welches Tier domestiziert? Schneide die Tierbilder aus und klebe sie an die richtige Jahreszahl.*

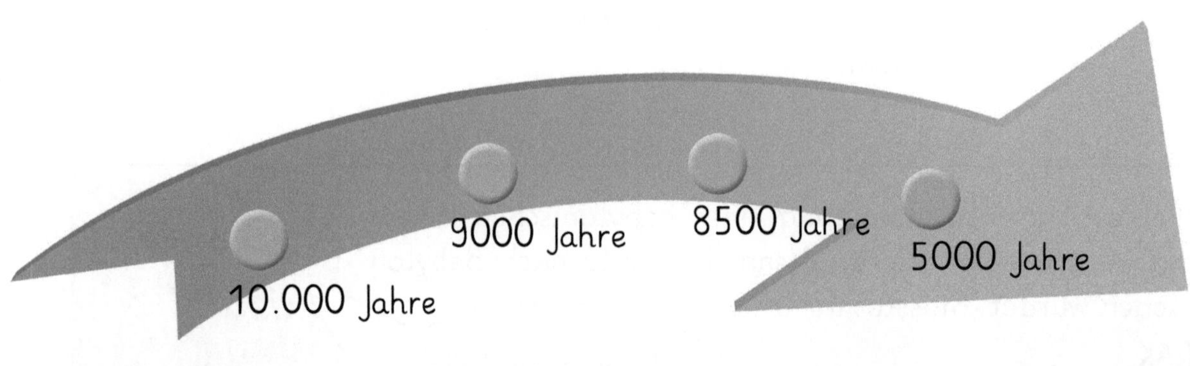

✂

3. Steckbrief der Kuh

Name:	Kuh
Klasse:	Säugetier
Unterordnung:	Wiederkäuer
Größe:	1,20 - 1,60 m
Gewicht:	400 - 750 kg
Alter:	15 - 20 Jahre
Aussehen:	weiß, schwarz, braun
Ernährung:	Pflanzenfresser
Nahrung:	hauptsächlich Gras
Verbreitung:	weltweit
Ursprüngliche Herkunft:	Naher Osten
Tragzeit:	9 Monate
Sozialverhalten:	Herdentier
Rassen:	weltweit: ca. 500
Weiblich:	Kuh, Milchkuh, Mutterkuh
Männlich:	Stier, Bulle, Ochse
Nachkomme:	Kalb

Deutsche Holsteins Friesian

Jersey

Österreichisches Fleckvieh

Aufgabe 1: *Schreibe in dein Heft und bilde ganze Sätze:*

a) Wie alt kann eine Kuh werden?

b) Was frisst eine Kuh?

c) Wie nennt man ein Kuhkind?

d) Wie viel verschiedene Rassen gibt es?

Aufgabe 2: *Auch eine Kuh kann Berühmtheit erlangen! „Kennt ihr meinen Namen"? MUHHHH!*

Schreibt hier meinen Namen hin:

____

Aufgabe 3: *Schreibe in dein Heft, vielleicht hilft dir ja das Internet.*

Fertige selbst einen Steckbrief an, suche dir dafür eine der gezeigten Rassen aus und beschreibe das Tier im Steckbrief.

Lernwerkstatt NUTZTIERE IN DER LANDWIRTSCHAFT
Huhn, Schwein, Kuh, Schaf und Co. – Bestell-Nr. 11 861

4. Milchkühe – Kühe, die Milchlieferanten der Nation

Am Beispiel der
„Deutschen Holsteins Friesian"

Hallo, wir sind die **Schwarzbunten**, uns gibt es auch in **Rotbunt**. Einige nennen uns liebevoll „Kaffee- und Kakao-Kühe". Wir sind hauptsächlich für die **Milchherstellung** zuständig.

Jede einzelne von uns gibt bis zu **10.000 Liter Milch pro Jahr**, das sind **am Tag ca. 27 Liter**. Der Bauer melkt uns 2 Mal am Tag. Wenn wir 5 Jahre alt sind, haben wir unsere Lebensleistung erfüllt und werden geschlachtet.

EA **Aufgabe 1:** *Was denkst du, wie viele Zitzen wir an unserem Euter haben? Kreuze an.*

☐ 2 ☐ 4 ☐ 6

Aufgabe 2: *Rechne aus:*

a) Wie viel Liter Milch gibt eine Kuh im Jahr?

b) Ein Bauer melkt 10 Kühe, wie viel Milch hat er am Tag?

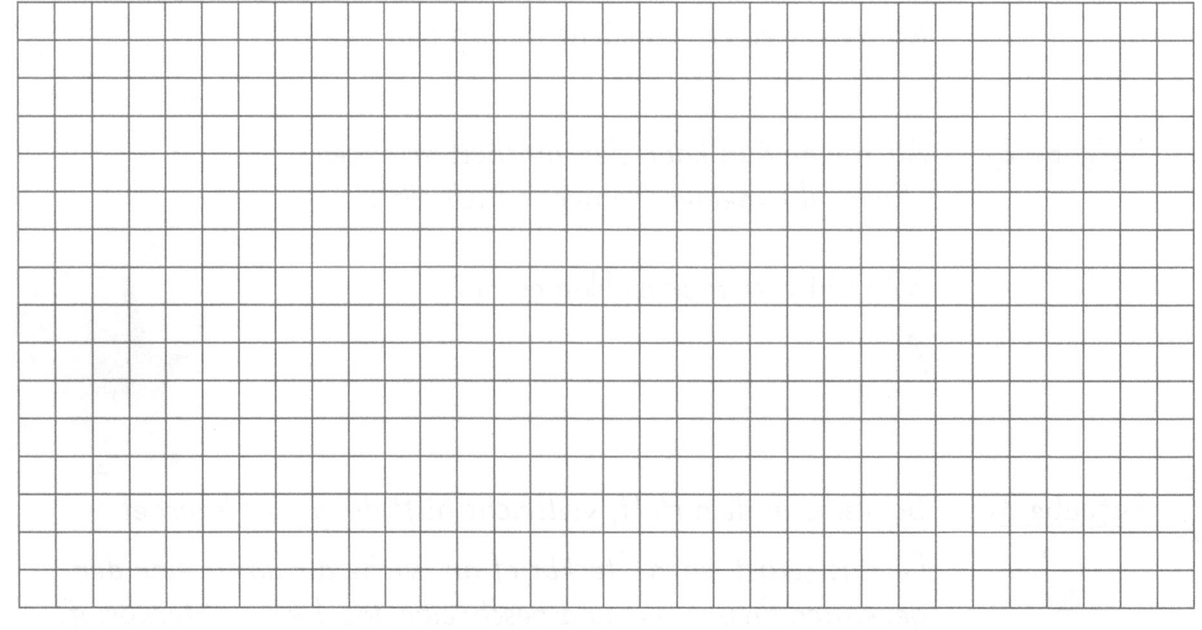

KOHL VERLAG Lernen mit Erfolg
Lernwerkstatt NUTZTIERE IN DER LANDWIRTSCHAFT
Huhn, Schwein, Kuh, Schaf und Co. – Bestell-Nr. 11 861

4. Milchkühe – Kühe, die Milchlieferanten der Nation

Ernährung:

Wir Hochleistungsmilchkühe erhalten spezielle Futterrationen, diese bestehen aus 18 kg Raufutter = Gras und Mais sowie zusätzlich Kraftfutter und Mineralien. Wenn wir viel auf der Weide stehen, bekommen wir entsprechend weniger Raufutter. Dazu haben wir riesigen Durst und trinken zwischen 80 und 120 Liter Wasser am Tag.

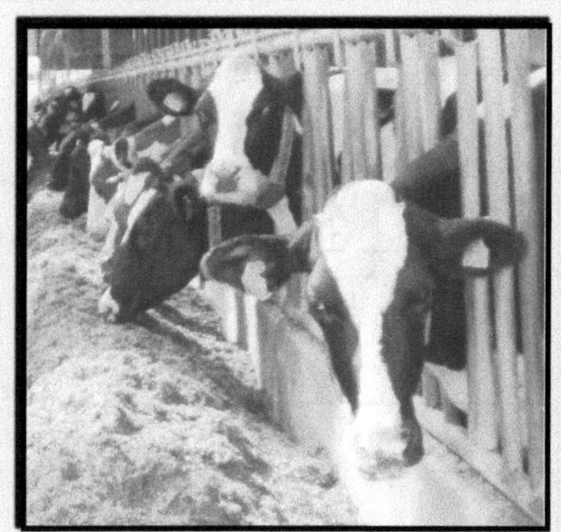

Je nachdem wie alt wir sind werden wir …

Kalb	**Absetzer / Jungrind**	**Färse**	**Milchkuh**
0 – 7 Monate	8 – 12 Monate	13 – 27 Monate	27. Monat nach dem 1. Kalben

… genannt. **Nur eine Kuh, die ein Kalb bekommen hat, kann Milch geben.**

Aufgabe 3: *Beantworte die Fragen:*

a) Wie nennt man eine Kuh, die 25 Monate alt ist? ______________

b) Vom Monat _________ bis Monat __________ wird die Kuh Kalb genannt.

c) Wie viel Liter Wasser benötigt eine Kuh am Tag? ____________

5. Fleischrinder – Wie kommt mein Steak auf den Teller?

Am Beispiel der **„Limousin"**

Hallo wir sind die ____________ Limousin, wir sind die Fleischlieferanten und sorgen dafür, dass immer ein leckeres Stück ____________________ auf deinem Teller liegt.

Im Vergleich zu ____________________ sind wir viel muskulöser. Wir sind ________________ und sehr liebevoll mit unserem ____________________.

Wenn wir ausgewachsen sind wiegen wir bis zu ____________. Unsere männlichen Tiere werden bis zu 1400 kg ______________.

Aufgabe 1: *Fügt die passenden Wörter in den Lückentext ein.*

schwer – 850 kg – Nachwuchs – einfarbig – Milchkühen – Rasse – Rindfleisch

Ernährung: Wir dürfen die meiste Zeit unseres Lebens auf der Weide verbringen. Dort fressen wir Gras, Klee und Kräuter. Nur wenn wir Kälber haben, bekommen wir zusätzlich Mineralstoffe dazu. Im Winter besteht unser Speiseplan aus:

Aufgabe 2: *Scheibe mindestens drei Bestandteile des Futters auf!*

1. ______________ 2. ______________ 3. ______________

KOHL VERLAG Lernen mit Erfolg
Lernwerkstatt NUTZTIERE IN DER LANDWIRTSCHAFT
Huhn, Schwein, Kuh, Schaf und Co. – Bestell-Nr. 11 861

5. Fleischrinder – Wie kommt mein Steak auf den Teller?

Welches Stück darf es bei dir sein?

Wir sind Fleisch:

„Kalbfleisch" – die Kälber werden mit ca. 22 Wochen geschlachtet.
„Rindfleisch" – die Jungrinder werden mit ca. 10 Monaten geschlachtet.
„Bullenfleisch" – die Bullen werden mit ca. 18 Monaten geschlachtet.
„Ochsenfleisch" – die Ochsen werden mit ca. 22 Monaten geschlachtet.
Weibliche Jungtiere werden seltener geschlachtet, sondern oft zur weiteren Zucht genutzt.

Aufgabe 3: *Schreibe in dein Heft:*
Warum werden selten weibliche Jungtiere geschlachtet?

Aufgabe 4: *Schreibe drei Gerichte in dein Heft, die du schon mal gegessen hast. Beschreibe, wie es dir geschmeckt hat.*

„Speisekarte"

Aus den Stücken kann man leckere Gerichte kochen.

Dies ist unsere „Färse" – ihr erinnert euch? Färsen sind Kühe im Alter von 13 bis 27 Monaten. Wir haben die Färse zum Schlachter gebracht und dieser schneidet sie in folgende Stücke:

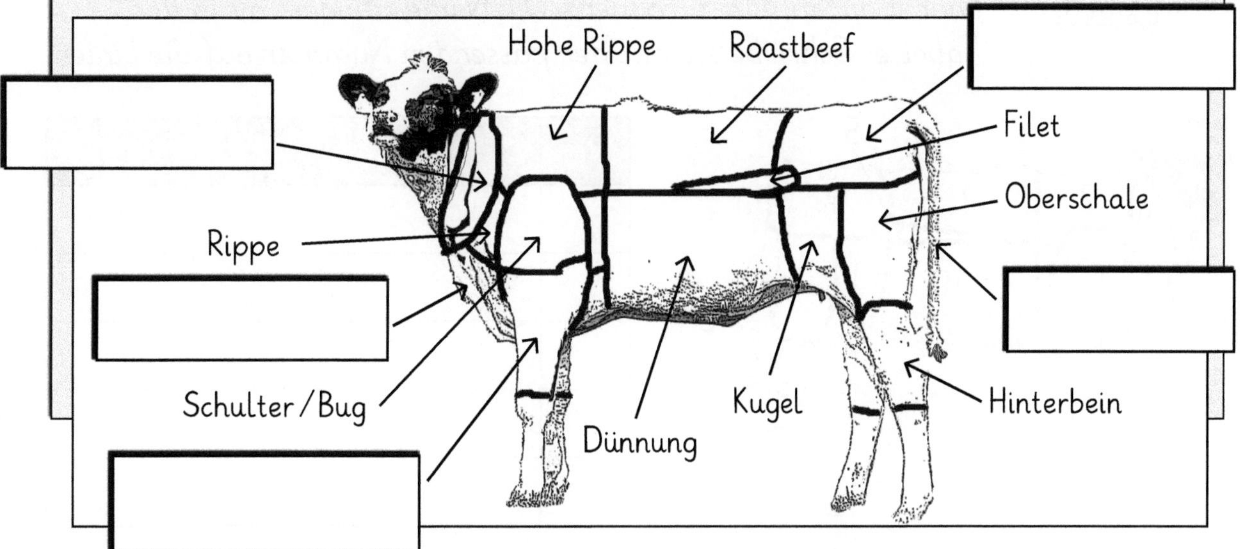

Aufgabe 5: *Füge die weiteren Bezeichnungen ein:*

Schwanz – Hüfte – Vorderbein – Brust – Nacken

Lernwerkstatt NUTZTIERE IN DER LANDWIRTSCHAFT
Huhn, Schwein, Kuh, Schaf und Co. – Bestell-Nr. 11 861

5. Fleischrinder – Wie kommt mein Steak auf den Teller?

Welches Stück darf es bei dir sein?

Stück/Name:	Beschaffenheit:	Geeignet für:
Nacken	fleischreich, fettarm	Gulasch, Eintopf, Braten
Hohe Rippe	sehr saftig, feine Fettäderchen mit Knochen	Grillrippe, Suppe
Roastbeef	besonders saftig (wenn es zu lange gebraten wird, ist es zäh)	Steaks
Oberschale, Hüfte, Kugel	zartes Fleisch, mager	Rouladen, Braten, Tatar, Beefsteaks, Kochen
Filet	besonders zart, ist sehr klein	Filetsteaks, Filetgulasch, kleine und feine Steaks
Vorder-Hinterbein, Schwanz	mit Fett durchzogenes Fleisch mit Knochen	Suppe
Schulter – Bug	feines Fleisch	Schmorbraten, Eintopf, Sauerbraten, Geschnetzeltes
Brust	festes Fleisch sehr fettig	Kochen, Suppe, Eintopf
Rippe	saftig mit Knochen	Eintopf, Gulasch
Dünnung	–	Wird nicht verwendet

Aufgabe 6: *Kannst du 5 Teile zurodnen? Die Namen findest du in der Tabelle. Schreibe sie mit der passenden Nummer auf die Linien.*

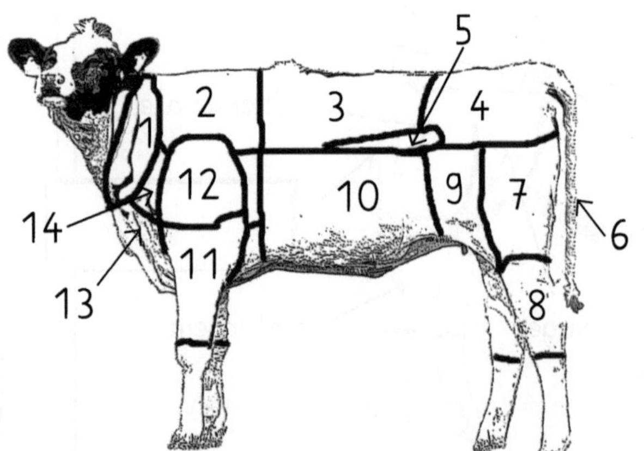

Nr.	Stück/Name:

Aufgabe 7: *Du hast ein Steak auf dem Teller, aus welchen Stücken könnte das sein?*

a) ____________________ b) ____________________ c) ____________________

Lernwerkstatt NUTZTIERE IN DER LANDWIRTSCHAFT – Bestell-Nr. 11 861
Huhn, Schwein, Kuh, Schaf und Co.
KOHL VERLAG

6. Kühe und ihre Erzeugnisse – Alles Kuh oder was?

Die Kühe liefern uns eine Vielfalt an Erzeugnissen die wir täglich nutzen und verbrauchen.

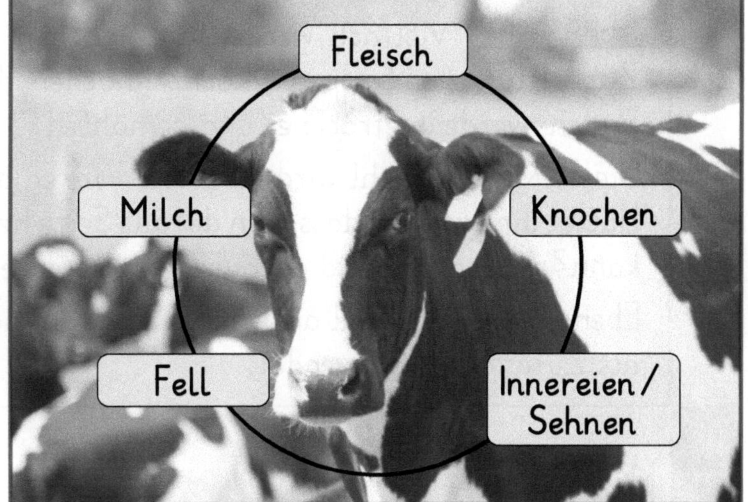

Aufgabe 1: *Nenne die fünf Gruppen, die wir erhalten:*

1. ____________________
2. ____________________
3. ____________________
4. ____________________
5. ____________________

So jetzt wollen wir sehen, was im Einzelnen aus den 5 Bestandteilen alles hergestellt wird:

Fleisch Viele von uns haben schon ein Stück Rindfleisch auf dem Teller gehabt. Die Möglichkeiten sind sehr unterschiedlich und jeder mag es anders.

Aufgabe 2: *Schreibe die richtige Nummer vor die Bezeichnung.*

◯ Schaschlik ◯ Hamburger

◯ Sauerbraten ◯ Rindfleischsuppe ◯ Steak

6. Kühe und ihre Erzeugnisse – Alles Kuh oder was?

Knochen Vielfach werden die Knochen in den Beinen der Kühe für die Zubereitung von Suppen gekocht. Knochen, die nicht in der Küche Verwendung finden, werden getrocknet und gemahlen.

Dieses Knochenmehl wird für viele Waren des täglichen Lebens verarbeitet. Hättet ihr gedacht, dass man daraus Seife herstellen kann? Außerdem wird daraus Gelatine erzeugt.
Ebenso wird das Mehl als Dünger sowie in Tierfutter als Zusatzstoff verwendet.

Aufgabe 3: *Schreibt in euer Heft und nummeriert die einzelnen Verwendungsarten. Wofür kann man die Knochen der Kühe alles verwenden?*

Innereien/ Sehnen Viele Teile der Innereien finden in der Küche Verwendung. Der Darm wird zum Beispiel in der Wurstherstellung benötigt. Leber und Nieren werden zu leckeren Mahlzeiten gekocht oder gebraten. Ein spezielles Enzym (Lab) aus dem Magen der Kälber wird für die Herstellung von Käse benötigt. Ohne Lab kann der Käse nicht fest werden (gerinnen). Die Sehnen werden gespalten, daraus entstehen einzelne Sehnenstriemen. Auch heute noch werden Sehnen dazu genutzt, Geigen zum Klingen zu bringen. Und nicht zuletzt freuen sich unsere Hunde über die Kauspielzeuge, die daraus hergestellt werden.

Aufgabe 4: *Nenne fünf Erzeugnisse, die aus den Innereien und Sehnen hergestellt werden.*

____

____

____

6. Kühe und ihre Erzeugnisse – Alles Kuh oder was?

Fell Das Fell der Rinder wird gegerbt. Dies ist eine Art, das Leder haltbar und geschmeidig zu machen. Abgesehen davon, dass das Fell als Ganzes zu Jacken und Mänteln verarbeitet wird, stellt man zum Beispiel auch ...

- Gürtel
- Geldbörsen
- Taschen
- Fußbälle, Handbälle
- Schuhe und Stiefel
- Sessel und Sofas

... her. Je nach Behandlung der Häute kann das Leder sehr weich und schmiegsam wie Nappaleder oder Wildleder sein. Oder auch fest, das dann als Schuhsohlen Verwendung findet.

Aufgabe 5: *Schreibt die Antwort in euer Heft:*

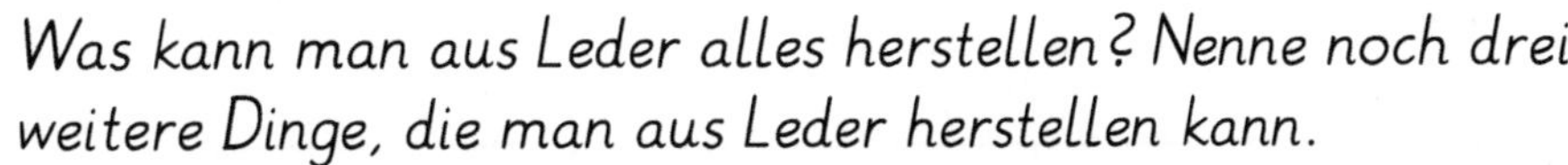

Was kann man aus Leder alles herstellen? Nenne noch drei weitere Dinge, die man aus Leder herstellen kann.

Milch Habt ihr heute Morgen schon gefrühstückt? Wer von euch hat denn Cornflakes mit Milch gegessen? Richtig, hauptsächlich wird die Milch gern von uns Menschen getrunken. Doch stellen wir daraus auch Joghurt, Quark und Käse her.

Oder habt ihr vielleicht ein Pausenbrot dabei? Dann kann es sein, das ihr das Brot mit Butter geschmiert habt. Ja auch die Butter wird aus Milch gewonnen.

Aufgabe 6: *Woher kommt die Milch? Kreuze die richtige Antwort an.*

☐ Supermarkt ☐ Internet ☐ Kiosk ☐ Kühen ☐ Kühlschrank

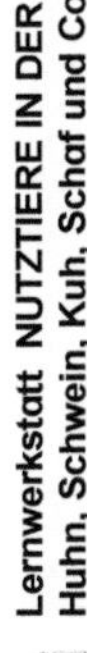

7. Rätselraten mit Kühen – Rätselkühe

Aufgabe 1: *Bildet für diese Aufgabe kleine Gruppen und besprecht:*

Behauptungen:

a) Wenn ich schwarz gefleckt bin, kommt aus meinem Euter Kaffee!

b) Wenn ich braun gefleckt bin, kommt aus meinem Euter Kakao!

c) Wenn ich Lila gefleckt bin, kommt aus meinem Euter Schokolade!

d) Alles „Quatsch", egal welche Farbe mein Fell hat, aus meinem Euter kommt immer Milch! Außerdem sind lila Kühe nur angemalt.

Nennt euer Ergebnis und begründet dieses.

Aufgabe 2: *Wenn ihr die Buchstaben aus den grauen Kästchen von oben nach unten lest, habt ihr das Lösungswort.*

a)

b)

c)

d)

e)

„Pssst", es ist bei b) nicht die Färse und bei e) nicht der Bulle oder der Stier.

a) Wie heißt die Lila Kuh?

b) Wie heißt eine 10 Monate alte Kuh?

c) Wie heißt eine neu geborene Kuh?

d) Wie heißen die Punkte auf dem Kuhfell?

e) Wie nennt man ein männliches Tier?

Lösungswort:

___ ___ ___ ___ ___

Aufgabe 3: *Findet in dem rechten Bild fünf Fehler.*

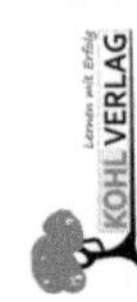

Lernwerkstatt NUTZTIERE IN DER LANDWIRTSCHAFT
Huhn, Schwein, Kuh, Schaf und Co. – Bestell-Nr. 11 861

8. Steckbrief der Schafe

Name:	Schaf
Klasse:	Säugetier
Unterordnung:	Wiederkäuer
Größe:	0,65 – 1,25 m
Gewicht:	20 – 200 kg
Alter:	10 – 12 Jahre
Aussehen:	weiß, schwarz, braun, grau
Ernährung:	Pflanzenfresser
Nahrung:	Gras, Kräuter
Verbreitung:	weltweit
Ursprüngliche Herkunft:	Naher Osten
Tragzeit:	5 Monate
Sozialverhalten:	Herdentier
Rassen weltweit:	ca. 220
Weiblich:	Schaf
Männlich:	Widder, Bock
Nachkomme:	Lamm

Heidschnucken

Coburger Fuchsschaf

Merino Wollschaf

Unterordnung Wiederkäuer: Was heißt das denn?

Wiederkauen bedeutet: Die Tiere fressen ihr Futter (Gras, Heu etc.) und wenn sie genug Futter aufgenommen haben, legen sie sich gemütlich hin. Das Futter landet zuerst in einem der drei Vormägen. Während sie ruhen, kommt ihnen wortwörtlich das Essen wieder hoch, dies natürlich nur häppchenweise. Sie kauen noch einige Zeit darauf rum und zerkleinern das Futter weiter, dann schlucken sie es wieder runter. Das so vorverdaute Futter wandert erneut durch die insgesamt fünf Mägen und endet im Darm. Den Tieren dient das Wiederkauen der besseren Verdauung und die im Futter enthaltenen Nährstoffe werden so deutlich besser verwertet.

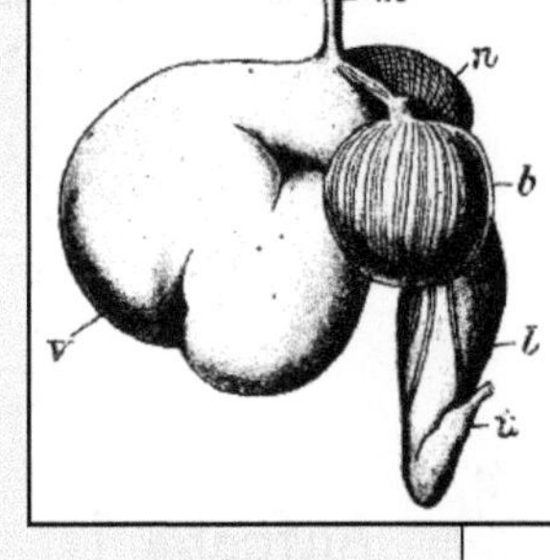

Aufgabe 1: *Schreibe in dein Heft mit deinen eigenen Worten. Was bedeutet „wiederkauen"?*

EA **Aufgabe 2:**

a) *Wie heißt ein männliches Schaf?* ____________________

b) *Wie schwer kann ein Schaf werden?* ____________________

c) *Was frisst ein Schaf?* ____________________

Aufgabe 3: *Findest du neben Kühen und Schafen weitere Wiederkäuer?*

Lernwerkstatt NUTZTIERE IN DER LANDWIRTSCHAFT
Huhn, Schwein, Kuh, Schaf und Co. – Bestell-Nr. 11 861
KOHL VERLAG

9. Wozu nutzen Schafe?

Alle Schafe in der Welt werden in vier Gruppen unterschieden.

I. Merinoschafe = **Wolle**

II. Fleischschafe = **Fleisch**

III. Milchschafe = **Milch**

IV. Landschafe = **Landschaftspflege**

I

III

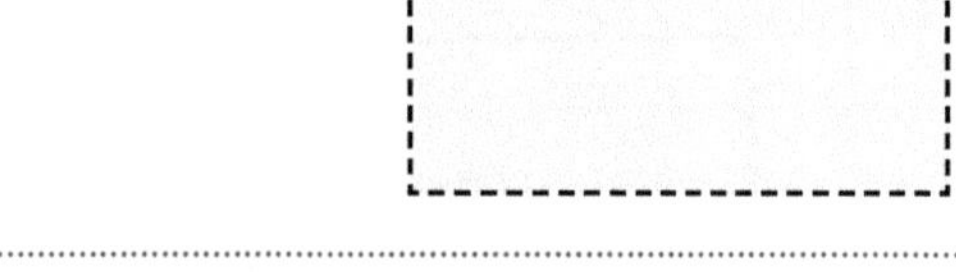

II

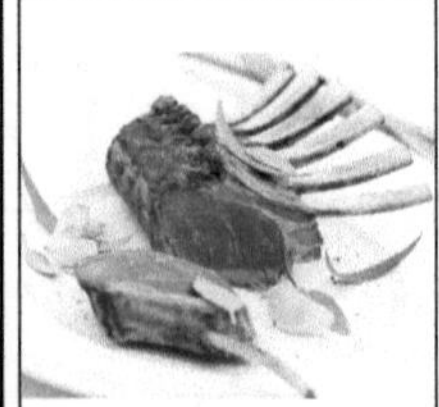

IV

Aufgabe 1: *Schreibe auf, wozu Schafe von Nutzen sind.*

a) ______________________ c) ______________________

b) ______________________ d) ______________________

Aufgabe 2: *DAS PASST!*

Schneide die vier Bilder aus und klebe sie oben in die passenden Kästchen.

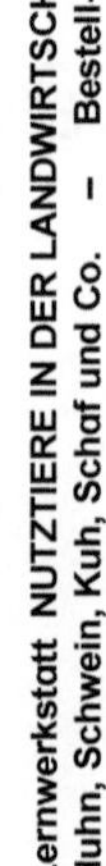

Lernwerkstatt NUTZTIERE IN DER LANDWIRTSCHAFT
Huhn, Schwein, Kuh, Schaf und Co. – Bestell-Nr. 11 861
KOHL VERLAG

9. Wozu nutzen Schafe?

Hättet ihr das gedacht? Die größten Schafzüchter der Welt findet ihr in:

Land	Schafe	Platz
Großbritannien	32.856.000 Stück	
Deutschland	1.600.000 Stück	
Australien	75.548.000 Stück	
USA	5.320.000 Stück	
Indien	75.500.000 Stück	
China	185.000.000 Stück	
Neuseeland	30.377.000 Stück	
Türkei	27.426.000 Stück	

Aufgabe 3: *Findet heraus, welches Land die meisten Schafe hat. Tragt dafür in der Spalte „Platz" die Zahlen 1 – 8 ein. Wie Schulnoten, 1 der Beste.*

Aufgabe 4: *Wo gibt es die meisten Schafe? In* ____________________.

Wenn man jedoch die Einwohner des jeweiligen Landes als Maßstab nimmt, gewinnt ganz klar Neuseeland. Pro Einwohner gibt es 10.433 Schafe. *„Stell dir vor Du müsstest dich um über 10.000 Schafe kümmern."* Das wäre ein Geblöke! Deutschland liegt dabei mit 34 Schafen pro Einwohner auf Platz 103.

KOHL VERLAG Lernwerkstatt NUTZTIERE IN DER LANDWIRTSCHAFT Huhn, Schwein, Kuh, Schaf und Co. – Bestell-Nr. 11 861

10. Von Schäfchen, Hunden und Hirten

Schafe, die Landschaftspfleger

Habt ihr das schon mal gesehen? „Ein Mensch läuft voraus und unzählige Schafe folgen ihm." So ist es auch heute noch. Der Schäfer zieht mit seiner Herde von Weideplatz zu Weideplatz. So werden auch die Stellen gemäht, wo keine Maschine hinkommen kann. Die Schafe fressen das Gras und die Kräuter. Da die Hufe der Tiere den Boden nicht beschädigen, werden sie oft zur Pflege der Deiche an unseren Küsten eingesetzt. Bei uns in Deutschland ist das ihr Hauptberuf.

Aufgabe 1: *Was ist der „Hauptberuf" der Schafe in Deutschland?*

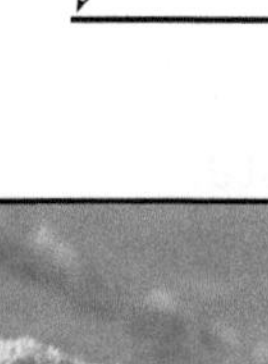

Die Schafe leben das ganze Jahr auf den Weiden. Die dicke Wollschicht schützt sie vor Wind und Kälte. Im November lässt der Schäfer die Böcke auf die Weiden. Die kleinen Lämmer kommen dann im April auf die Welt. Einmal im Jahr werden die Schafe vom Pelz befreit. Dies geschieht meistens im Frühjahr, damit ihnen im Sommer nicht zu warm wird.

Aufgabe 2: *Schreibt die Antworten in vollständigen Sätzen in euer Heft.*

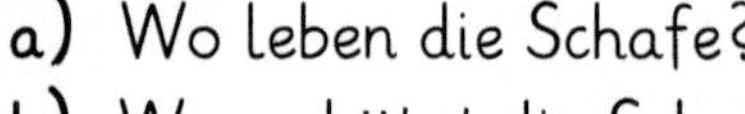

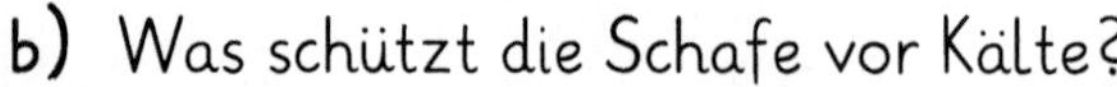

a) Wo leben die Schafe?
b) Was schützt die Schafe vor Kälte?
c) Wann kommen die Lämmer zur Welt?
d) Wann werden die Schafe geschoren?

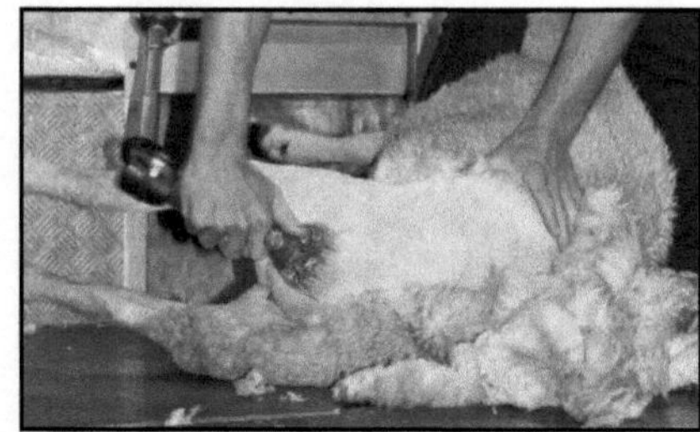

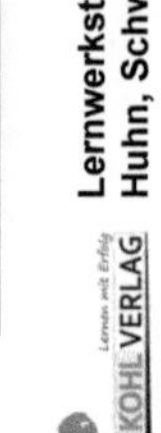

KOHL VERLAG
Lernwerkstatt NUTZTIERE IN DER LANDWIRTSCHAFT
Huhn, Schwein, Kuh, Schaf und Co. – Bestell-Nr. 11 861

10. Von Schäfchen, Hunden und Hirten

Einmal im ______________ werden die Schafe ____________________.
Dazu wird eine Schermaschine benutzt. Die ______________ sieht genau so aus, wie die bei eurem Friseur, nur wesentlich größer. Die Schafscherer gehen dabei sehr ______________ vor. Um den ______________ nicht weh zu tun und um die Schur so stressfrei wie möglich zu machen, ______________ sie sich. Ein Neuseeländer hat die beste ______________ entwickelt und es darin zur ________________________ gebracht. W.G. Bowens stellte 1953 einen bis heute gültigen ____________________ auf. Er scherte 456 Schafe in nur 9 ______________. Das ist pro Schaf eine Zeit von einer Minute und 18 Sekunden.

EA **Aufgabe 3:** *Tragt die folgenden Wörter an die richtige Stelle im Text ein.*

vorsichtig – beeilen – Stunden – Technik – Meisterschaft – Jahr – Weltrekord – Schafen – Maschine – geschoren

Diese Art der Schur trägt seinen Namen. Das besondere daran ist, dass innerhalb kürzester Zeit das „Flies" – so nennt man das Fell – in einem Stück vom Tier geschoren wird.

EA **Aufgabe 4:**
Schreibt die Antworten in ganzen Sätzen in euer Heft.

a) Was benutzt man, um ein Schaf zu scheren?

b) Wie heißt die Art der Schur?

c) Wie nennt man das Fellstück, das bei der Schur übrig bleibt?

KOHL VERLAG Lernwerkstatt NUTZTIERE IN DER LANDWIRTSCHAFT Huhn, Schwein, Kuh, Schaf und Co. – Bestell-Nr. 11 861

11. Der Wolf – Gefahr für die Schafherde!

Die Wahrheit hinter den Märchen!

Aus dem „Wolf und die sieben Geißlein" ist bekannt, dass der Wolf ein Feind der Schafe und Ziegen ist.

In Wahrheit ist dies tatsächlich so. Der einzige natürliche Feind der Herde ist der Wolf. Wenn der Hirte mit seinen Hunden nicht auf die Herde aufpasst, kann es sein, dass sich auch hier in Deutschland der Wolf ein Tier aus der Herde stiehlt. Um das zu verhindern, hat der Hirte immer seine Hunde dabei.

EA **Aufgabe 1:** *Beantworte folgende Fragen:*

a) Welches Tier ist der natürliche Feind der Schafe?

____

b) In welchem Märchen ist der Feind der Schafe beschrieben?

____

c) Wer beschützt die Schafe? ______________________________

Neben transportablen Elektrozäunen ist der Hütehund der beste Schutz für die Herde. Er verteidigt die Herde und hilft dem Schäfer, die Herde von einer zur anderen Weide zu treiben. Dabei hat er immer ein Auge auf die Herde. Sollte ein Tier aus dem Herdenverband zurückbleiben, treibt er das Tier auf Befehl des Schäfers zur Herde zurück, sodass die Herde immer zusammen bleibt.

KOHL VERLAG Lernwerkstatt NUTZTIERE IN DER LANDWIRTSCHAFT Huhn, Schwein, Kuh, Schaf und Co. – Bestell-Nr. 11 861

11. Der Wolf – Gefahr für die Schafherde!

Neben dem Border Collie gibt es noch eine Vielzahl anderer Hüte- und Herdenschutzhunde.

Aufgabe 2: *Beschrifte die Fotos. Die jeweiligen Hunderassen sind:*

Schäferhund – Border Collie – Kuvasz – Rottweiler – Altdeutscher Hütehund

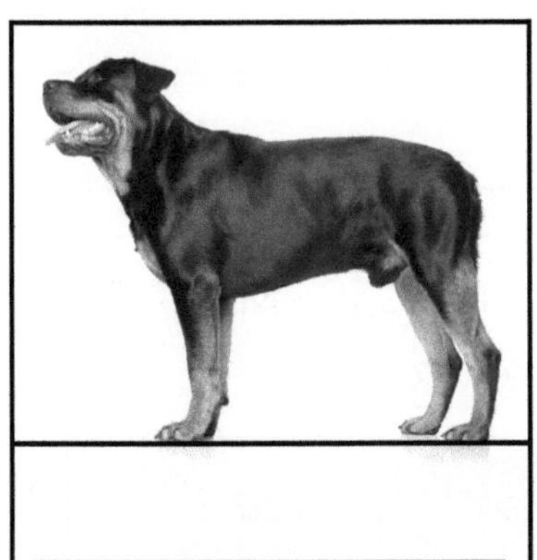

____

____

____

____

____

Aufgabe 3:
Eine Frage an die schlauen Füchse unter euch: Warum zählt man Schäfchen?

Antwort:

____

____

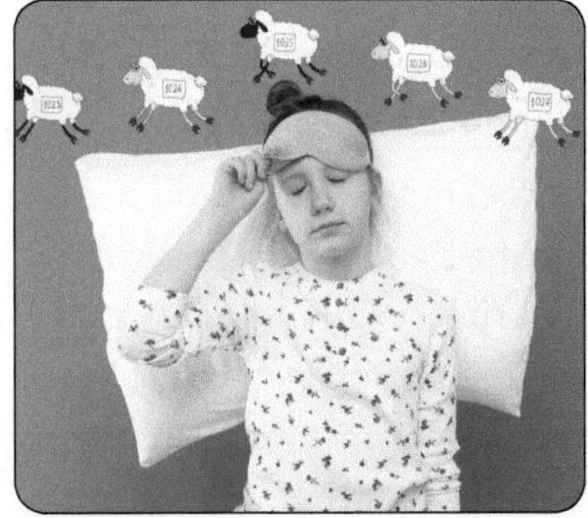

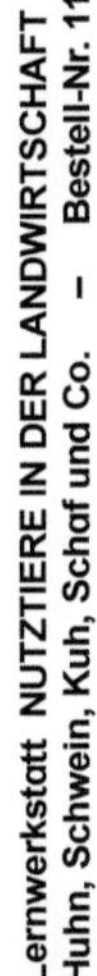
Lernwerkstatt NUTZTIERE IN DER LANDWIRTSCHAFT
Huhn, Schwein, Kuh, Schaf und Co. – Bestell-Nr. 11 861

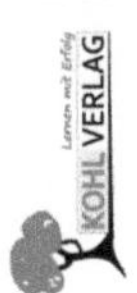

12. Schafe und ihre Erzeugnisse – alles Schaf oder was?

Lasst uns mal sehen, was wir alles aus den Schafen herstellen können.

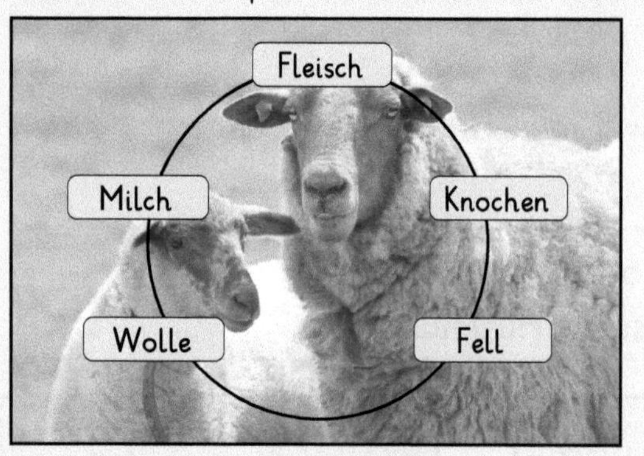

Aufgabe 1:

Nenne die fünf Bestandteile, die wir erhalten:

1. ______________________
2. ______________________
3. ______________________
4. ______________________
5. ______________________

Fleisch Aus dem Fleisch werden Lebensmittel für uns Menschen gewonnen. Ihr ahnt gar nicht, wie lecker Schaf schmecken kann.

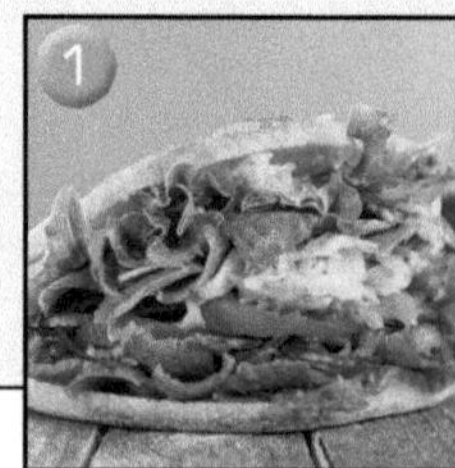

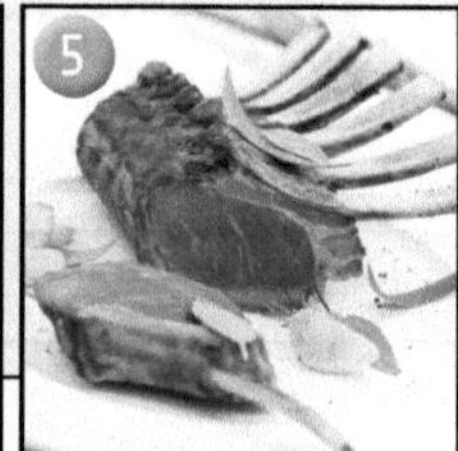

Aufgabe 2: *Schreibe die richtige Nummer vor die Bezeichnung.*

◯ Koteletts ◯ Lammspieße

◯ Couscous ◯ Kebabspieß ◯ Kebab

Habt ihr nicht doch schon mal Schaf gegessen? Wenn ja was?

____

Knochen Die Knochen der Schafe werden getrocknet und gemahlen. Dieses Knochenmehl wird zum Beispiel zu Fischfutter verarbeitet oder geht zurück in die Landwirtschaft und wird als Dünger für den Acker genutzt.

Aufgabe 3: *Schreibt die Antwort in euer Heft.*
Wie werden die Knochen verarbeitet?

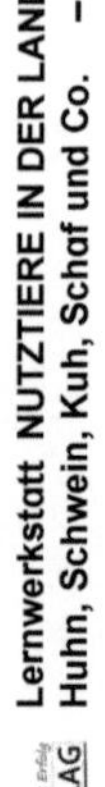

Lernwerkstatt NUTZTIERE IN DER LANDWIRTSCHAFT Huhn, Schwein, Kuh, Schaf und Co. – Bestell-Nr. 11 861

12. Schafe und ihre Erzeugnisse – alles Schaf oder was?

Fell Das Schaffell wird oft als Teppich oder zum Schmücken von Zimmern benutzt. Das ist schade, denn so ein Lammfell hat viele gute Eigenschaften. Es ist sehr warm. Menschen, die unter schmerzenden Gelenken leiden, hilft es gegen die Schmerzen. Außerdem ist es so flauschig weich, dass man es oft in Babybettchen legt, damit sie es nicht so kalt haben.

EA **Aufgabe 4:** *Schreibt mit euren eigenen Worten die Antwort in euer Heft. Wozu kann man Schaffelle verwenden?*

Wolle Aus der Schafwolle kann man ganz viele Dinge herstellen. Neben Socken und Pullover werden aus der Wolle auch Teppiche geknüpft. Das Garn kann man auch weben und schöne Stoffe daraus herstellen.

EA **Aufgabe 5:** *Schreibt die Antwort in euer Heft. Was kann man außer Socken und Pullover noch aus der Wolle fertigen?*

Milch Schafsmilch ist gesund und wird gerne von Kindern und älteren Menschen wegen der guten Verdaulichkeit getrunken. Sie sieht aus wie normale Milch, doch schmeckt sie etwas strenger.

Aus der Milch wird aber auch Käse hergestellt. Der berühmte griechische Feta-Käse wird aus Schafsmilch hergestellt.

Weil die Schafsmilch so gute Bestandteile hat, wird diese auch zusammen mit dem Wollfett zu Seife und Creme verarbeitet. Die Seife macht die Haut zart und weich. Wollfett (Lanolin) wird aus dem Schaffell gewonnen. Durch das Wollfett hat die Creme heilende Wirkung und wird oft für wunde „Baby-Popos" genommen.

EA **Aufgabe 6:** *Warum eignet sich die Creme aus Schafsmilch gut für wunde „Popos"?* ____

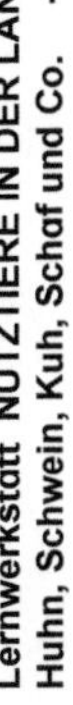

13. Rätseln mit Schafen – „Schätzeln"

Aufgabe 1:

Nehmt euren Bleistift und zeichnet die Zahlen in der richtigen Reihenfolge nach. Welches Tier ist das?

Antwort: ________________

Jetzt könnt ihr eure Buntstifte nehmen und es ausmalen.
„Viel Spaß dabei".

Aufgabe 2: *„HILFE!!!"*

Da nimmt mir doch glatt einer die Wolle weg! Ist das denn zu glauben? Könnt ihr mir helfen? Welcher Wollknäuel raubt mir das Fell?

Antwort: Wollknäuel ______

Aufgabe 3: *Logikrätsel: Schreibe die Lösung in dein Heft.*

Ein Bauer möchte einen Fluss mit dem Boot überqueren und hat einen Blumenkohl, ein Schaf und einen Wolf bei sich. Alle drei sollen ohne Schaden das andere Ufer erreichen, aber der Bauer kann immer nur einen mitnehmen. Solange der Bauer da ist, besteht keine Gefahr für das Schaf und den Blumenkohl. Allerdings frisst der Wolf das Schaf und das Schaf den Blumenkohl, sobald sie alleine sind. Wie bekommt der Bauer alle sicher über den Fluss?

Lernwerkstatt NUTZTIERE IN DER LANDWIRTSCHAFT
Huhn, Schwein, Kuh, Schaf und Co. – Bestell-Nr. 11 861

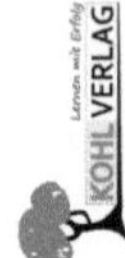

14. Steckbrief der Schweine

Name:	Schwein
Klasse:	Säugetier
Unterordnung:	Schweineartige
Größe:	0,80 - 0,90 m
Gewicht:	250 - 320 kg
Alter:	10 Jahre
Aussehen:	weiß, schwarz, braun, grau
Ernährung:	Allesfresser
Nahrung:	Gras, Mais, Rüben
Verbreitung:	weltweit
Ursprüngliche Herkunft:	Naher Osten
Tragzeit:	3 Monate, 3 Wochen und 3 Tage
Sozialverhalten:	Herdentier
Rassen weltweit:	22
Weiblich:	Sau
Männlich:	Eber
Nachkomme:	Ferkel

Deutsches Landschwein

Bentheimer Landschwein

Rotbuntes Husumer Schwein

„Du dreckiges Schwein!"
Diesen Spruch kennen wir, aber woher kommt er?
Schweine suhlen (wälzen) sich gerne in Matsch. Für uns „Pfui", doch für die Schweine ist es wichtig. Sie machen das zum Schutz vor der Sonne, Hitze und zur Abwehr von Mücken und Co.. Und so schweinisch wie man es ihnen nachsagt, sind sie gar nicht.

EA **Aufgabe 1:** *Beantworte folgende Fragen:*

a) Wie groß wird ein Schwein? ____________________

b) Woher kommen die Schweine ursprünglich? ____________________

c) Wie nennt man ein weibliches Schwein? ____________________

d) Was bedeutet „suhlen"? ____________________

„Das Schwein kennt jeder" – ihr auch?
a) Ich bin ein Filmstar!
b) Ich spreche mit Schafen!
c) Mein Bauer ist voll stolz auf mich!

Aufgabe 2:
Wer bin ich?

____

Lernwerkstatt NUTZTIERE IN DER LANDWIRTSCHAFT
Huhn, Schwein, Kuh, Schaf und Co. – Bestell-Nr. 11 861

15. Zuerst kam das Wildschwein – Der Ursprung aller Schweine

Auch heute gibt es sie noch, die „Wildschweine". Das sind die Urväter aller heutigen Schweinerassen.

In unseren Wäldern leben sie noch frei und ohne Zäune. Sie verstecken sich gern, um den Menschen nicht zu begegnen. Sollte es aber doch einmal dazu kommen, ist Vorsicht geboten. Wildschweine können sehr gefährlich werden. Im Gegensatz zu unseren Hausschweinen werden die weiblichen Tiere „Bachen" genannt. Der stolze Mann ist der „Keiler" und die süßen kleinen Ferkel heißen „Frischlinge".

Aufgabe 1: *Setze die Namen für die Wildform ein.*

a) Sau = ____________________

b) Eber = ____________________

c) Ferkel = ____________________

Besonders gefährlich sind die Keiler mit ihren Hauern. Die Hauer (Kreis) können sehr groß werden. Mit diesen bis zu 30 cm großen Waffen kann der Keiler auch noch sehr gut umgehen. Wenn nötig, spießt er seine Gegner damit auf. Ähnlich wie ein Stier mit seinen Hörnern. Die weiblichen Wildschweine („Bachen") sind besonders dann gefährlich, wenn sie mit ihren Frischlingen unterwegs sind. Sie tun alles, um ihre Familie zu schützen. Also, falls ihr im Wald Wildschweinen begegnen solltet, geht ihnen am besten aus dem Weg und stört sie nicht. Falls euch doch eines angreifen sollte, klettert so schnell wie es nur geht auf einen Baum. **WICHTIG: „Nicht wegrennen"!** Die Tiere sind schneller als sie aussehen.

Aufgabe 2: *Schreibt in euer Heft.*

Wie verhalte ich mich richtig, falls mir Wildschweine im Wald begegnen sollten?

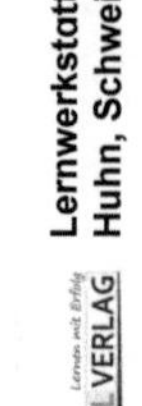

Lernwerkstatt NUTZTIERE IN DER LANDWIRTSCHAFT
Huhn, Schwein, Kuh, Schaf und Co. – Bestell-Nr. 11 861

15. Zuerst kam das Wildschwein – Der Ursprung aller Schweine

 **Aufgabe 3:** *Beantworte folgende Fragen. Schreibe in dein Heft.*

a) Wie heißt die Waffe der Eber?
b) Wie lang können die Hauer werden?
c) Warum sind auch Bachen gefährlich?

Die ____________________ der Wildschweine sind

____________________ (Nussfrucht des Eichenbaumes).

Um an die Eicheln zu gelangen, graben die ____________________ regelrecht den ____________________ um. Damit helfen sie im Wald, denn auf dem gelockerten ____________________ können schnell wieder neue Pflanzen und ____________________ wachsen. Somit tragen sie zur Erhaltung unserer ____________________ bei.

 **Aufgabe 4:** *Setze die richtigen Worte ein.*

Bäume – Eicheln – Boden – Wildschweine – Leibspeise – Wälder – Waldboden

KOHL VERLAG
Lernwerkstatt NUTZTIERE IN DER LANDWIRTSCHAFT
Huhn, Schwein, Kuh, Schaf und Co. – Bestell-Nr. 11 861

16. Saustall – „So ein Schweineleben"

Unterschiede in der Schweinehaltung

Die Schweinezucht wird in folgende Bereiche aufgeteilt:

Bei der *Zuchtsauenhaltung* kommen nur die kleinen Ferkel auf die Welt. Eine Sau hat zwei Würfe pro Jahr und bekommt jedes Mal zwischen 10 und 18 Ferkel. Nach 21 Tagen werden die Ferkel von der Mutter getrennt und kommen zur *Ferkelaufzucht*. Hier werden die Ferkel in Gruppen von bis zu 30 Tieren zusammengebracht und bis zu einem Alter von ca. 8 Wochen aufgezogen. Dann werden sie nach Geschlecht getrennt und kommen in die Betriebe zur *Schweinemast*. Dort werden sie die nächsten 5 Monate bis zur Schlachtung groß gefüttert. Am Schlachttermin sind die Schweine 8 Monate alt. Nur wenige Schweine gehen in die Zuchtsauen- bzw. *Zuchteberhaltung*.

Aufgabe 1: *Lies den Text und finde die richtigen Bereiche. Trage die Bereiche der Schweinezucht (schräge Schrift) oben in die Kästchen ein.*

Ein Schwein braucht zum Glücklichsein so einiges: Es ist gern mit Artgenossen zusammen und braucht viel Auslauf. Ein Bett aus Stroh gefällt ihnen sehr. Eine separate Kotecke (Toilette) ist wichtig, da im Gegensatz zur landläufigen Meinung die Tiere sehr reinlich sind. Dann wäre da noch eine Stelle, wo sie sich suhlen und scheuern können und natürlich ein Fressplatz sowie eine Tränke.

Lernwerkstatt NUTZTIERE IN DER LANDWIRTSCHAFT
Huhn, Schwein, Kuh, Schaf und Co. – Bestell-Nr. 11 861

16. Saustall – „So ein Schweineleben"

Aufgabe 2: *Was ist wichtig bei der Einrichtung eines Schweinestalls? Finde die richtigen Worte und trage sie ein.*

a) ______________________ b) ______________________

c) ______________________ d) ______________________

e) ______________________ f) ______________________

g) ______________________

So sollte ein artgerechter Stall für Schweine aussehen:

Stall

Schlafplatz

Dusche

Futterplatz

Kotecke

Tränke

Auslauf / Weide

eine Suhle für die Körperpflege

mit Bäumen für Schatten und zum Scheuern

und natürlich eine Wiese

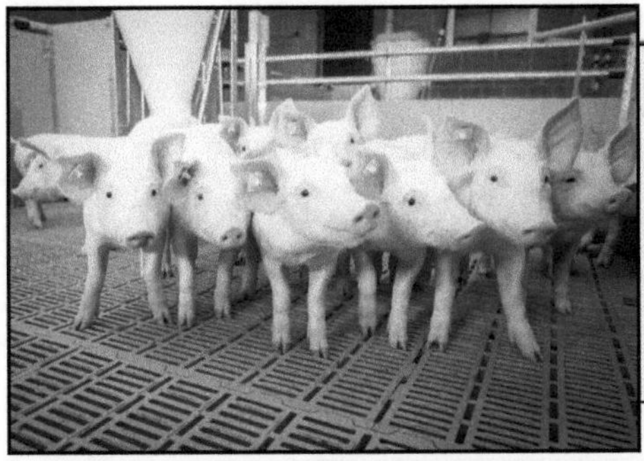

Die Wirklichkeit sieht leider oft nicht so gut aus. In den Mastbetrieben werden die Schweine lediglich in Abteilen gehalten und schnellstmöglich auf ihr Schlachtgewicht gebracht.

Aufgabe 3: *Zeichnet selber einen „Saustall" und malt ihn aus.*

17. Schwein gehabt? – Schweinekotelett, Schnitzel oder doch Schinkenbraten?

Welches Stück darf es bei dir sein?

Fast jeder von uns hatte schon einmal ein Kotelett oder Schnitzel auf dem Teller. Daneben wird das Schweinefleisch in Wurst und Schinken verarbeitet.

Deutschland ist derzeit das Land der Welt, in dem die meisten Schweine gehalten und gegessen werden. Somit ist das Schwein unser TOP 1 Lieferant für unsere Mahlzeiten.

Das beste Stück Fleisch vom Schwein ist für jeden ein anderes. Der eine mag es saftig, der andere mag es lieber zart und fettfrei. Schauen wir mal, welches die besten Stücke sind:

Stück/Name:	Beschaffenheit:	Geeignet für:
Kopf	feinfleischig, mit feinem Fett durchzogen	Sülze, Suppe
Ohr	knorpelig	Suppe, Eintopf
Nacken	besonders saftig und Fett durchzogen	Steaks, Braten, Kotelett, Grillen, Wurst
Rücken	feines Muskelfleisch	Kotelett, Braten, Schmorbraten, Gulasch
Filet	Besonders zart, klein aber fein	Filetsteaks, Filetgulasch, Filetbraten
Hinterschinken	festes Fleisch, grobe Fleischfaser	Schinkenbraten, Schnitzel, Gulasch, Schmorbraten, Wurst und Schinken
Schwanz	knorpelig	Suppe, Eintopf
Bein	fettdurchzogenes Fleisch, Knochen, meist mit Schwarte	Eisbein, Suppe, Eintopf, Sülze
Pfote	Knochig, knorpelig mit Schwarte	Suppe, Eintopf, Sülze
Bauch	sehr fettig mit feinem Fleisch	Speck, Suppe, Eintopf, Grillen
Rippen	feine Knochen mit Fleisch	Suppe, Eintopf, Grillen
Schulter	feines Muskelfleisch, ein wenig Fett	Braten, Schmorbraten, Gulasch, Wurst

17. Schwein gehabt? – Schweinekotelett, Schnitzel oder doch Schinkenbraten?

Aufgabe 1: *Kannst du 5 Teile zurodnen? Die Namen findest du in der Tabelle. Schreibe sie mit der passenden Nummer auf die Linien.*

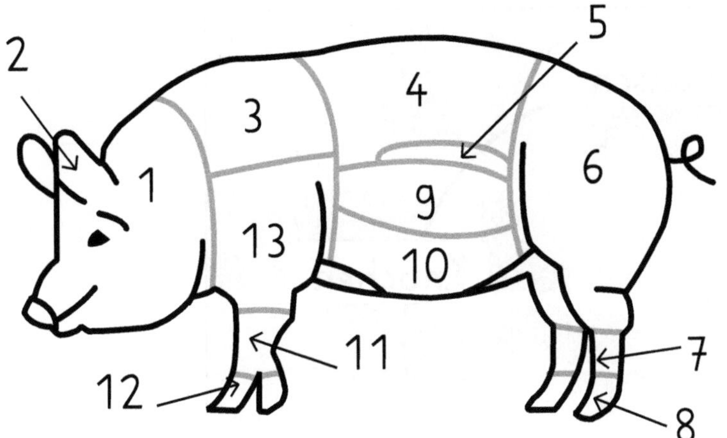

Nr.	Stück/Name:

Etwas ganz besonderes ist das Spanferkel. Hier werden Ferkel mit einem Gewicht bis 25 kg im Ganzen in einem riesigen Backofen geschmort oder am Spieß gegrillt. Das zarte Fleisch ist sehr beliebt.

Aufgabe 2: *Beantworte folgende Fragen.*

a) Welches Stück aus dem Schwein ist besonders zart?

____

b) Welches Stück aus dem Schwein ist knorpelig?

____

c) Nenne drei Suppen oder Eintöpfe die du kennst.

____

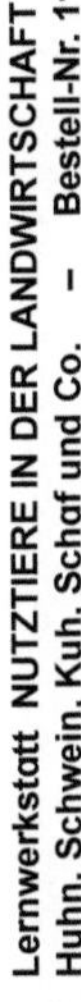

18. Alles Schwein oder was?

Es ist schon interessant, was man alles vom Schwein verwerten kann. Nehmen wir mal an, wir haben uns ein Schwein schlachten lassen. Jetzt sehen wir erst mal, welche Bestandteile wir dabei erhalten:

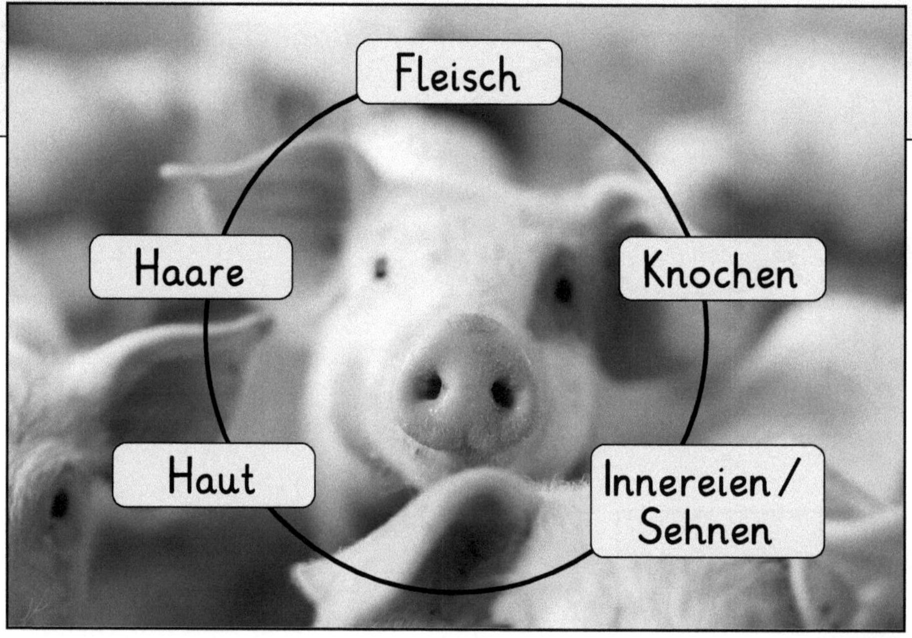

So jetzt wollen wir sehen, was im Einzelnen aus den fünf Bestandteilen alles hergestellt wird.

Fleisch Aus dem Fleisch werden Lebensmittel für uns Menschen gewonnen. Ihr kennt bereits das Schnitzel und die Koteletts. Hier noch ein paar weitere Beispiele:

KOHL VERLAG Lernwerkstatt NUTZTIERE IN DER LANDWIRTSCHAFT Huhn, Schwein, Kuh, Schaf und Co. – Bestell-Nr. 11 861

18. Alles Schwein oder was?

Aufgabe 1:

Nenne die fünf Bestandteile, die wir erhalten:

1. ______________________
2. ______________________
3. ______________________
4. ______________________
5. ______________________

Aufgabe 2: *Schreibe die richtige Nummer vor die Bezeichnung.*

◯ Bauchfleisch	◯ Salami	◯ roher Schinken
◯ Bratwurst	◯ Filet	◯ Nackensteak
◯ Grillhaxe	◯ Frischwurstaufschnitt	

Innereien / Sehnen

Aus der Schweineleber wird Leberwurst für unser Frühstücksbrot gemacht. Alles andere, das übrig bleibt, wird meist zu Hundefutter verarbeitet.

Eure Großeltern kennen noch weitere Gerichte, die man aus den Innereien herstellen konnte. Zum Beispiel Niereneintopf, aber in der heutigen Zeit wird so etwas in Deutschland nicht mehr viel gegessen. In Bayern gibt es den „Saumagen", der ist dort eine Wurstspezialität.

Aufgabe 3: *Schreibt die Antwort in euer Heft: Was wird aus der Schweineleber hergestellt? Was ist Saumagen?*

Lernwerkstatt NUTZTIERE IN DER LANDWIRTSCHAFT
Huhn, Schwein, Kuh, Schaf und Co. – Bestell-Nr. 11 861

18. Alles Schwein oder was?

Knochen Aus den ____________________ von Schweinen und Rindern wird zum Beispiel ______________ hergestellt. Gelatine ist ein Mittel um flüssiges im kalten Zustand ______________ zu machen. Ein Beispiel dafür sind „Gummi -______________".

Ebenso werden aus den Knochen und ______________ sowie einigen Gewürzen ______________ hergestellt, die zum Würzen von ______________ oder Eintöpfen benutzt werden. Alles was sonst an Knochen übrig bleibt, wird getrocknet und gemahlen. Das ______________ wird entweder als ______________ benutzt oder wird zum ______________ weiterverarbeitet.

EA **Aufgabe 4**: *Lückentext. Fügt die folgenden Worte in den Text ein.*

Suppen – Knochen – Tierfutter – Brühwürfel – Gelatine – Dünger – Knochenmehl – Fleischresten – fest – Bärchen

Haut Ein Teil der Haut von Schweinen wird zu Leder verarbeitet. Dieses Leder verwendet man oft, um Kleidung wie Jacken oder Handschuhe zu fertigen. Das Leder wird aber auch dazu benutzt, um Armbänder für Uhren herzustellen.

EA **Aufgabe 5**: *Nenne fünf Dinge, die du kennst, die aus Leder hergestellt werden.*

____

____

____

KOHL VERLAG
Lernwerkstatt NUTZTIERE IN DER LANDWIRTSCHAFT – Bestell-Nr. 11 861
Huhn, Schwein, Kuh, Schaf und Co.

18. Alles Schwein oder was?

Haare Die Haare der Schweine heißen Borsten.
Wenn die Borsten sehr hart sind, benutzt man sie, um daraus Bürsten zu fertigen. Die weicheren nimmt man gerne, um Pinsel zum Malen herzustellen.

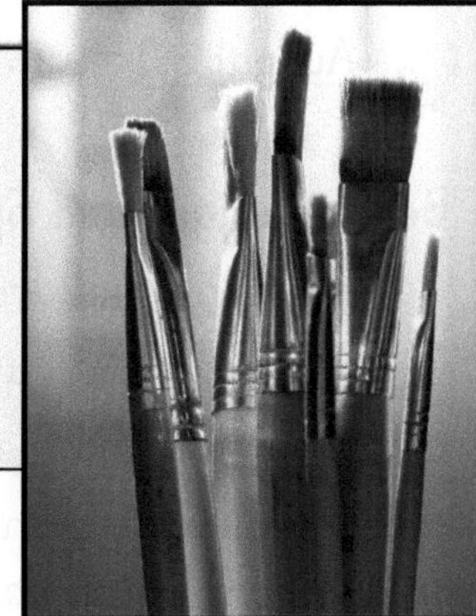

Aufgabe 6: *Wie heißen die Haare von Schweinen?*

____

Versuchstier In der medizinischen Forschung werden Schweine als Versuchstiere gehalten. Dort helfen sie uns Menschen zu verstehen, wie man Krankheiten wie Diabetes oder Herzkrankheiten besser behandeln kann. Das ist wichtig, da diese Versuche natürlich nicht am Menschen durchgeführt werden können. Am Ende helfen uns die Versuchstiere, unsere Krankheiten zu heilen. Sie leisten einen sehr wichtigen Dienst für die Menschen.

Aufgabe 7: *Wofür werden Schweine in der Forschung verwendet?*

____

____

____

____

____

____

KOHL VERLAG Lernwerkstatt NUTZTIERE IN DER LANDWIRTSCHAFT
Huhn, Schwein, Kuh, Schaf und Co. – Bestell-Nr. 11 861

19. Lustiges und Spaß mit Schweinen – „So eine Ferkelei"

Aufgabe 1: *Verbinde die richtigen Sprüche zu den Behauptungen durch Pfeile.*

Behauptungen und Sprüche:

Richtig oder falsch?

1. Schweine sind dreckig! ╲
2. Schweine sind dumm!
3. Schweine sind gierig!
4. Schweine stecken ihren Rüssel (Nase) überall rein!

a) Du verfressenes Schwein!
b) Du neugieriges Ferkel!
c) Du dreckige Sau!
d) Du blöde Sau!

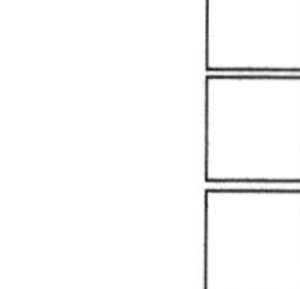

Aufgabe 2: *Trage ein **R** für richtig oder ein **F** für falsch ein.*

Richtigstellung:

FALSCH!
Schweine sind sehr reinliche und intelligente Tiere.

RICHTIG!
Schweine sind sehr neugierig und fressen für ihr Leben gern.

Glücksschweine und Co.

Schon bei den Germanen war das Schwein ein Zeichen für Wohlstand und Reichtum sowie Fruchtbarkeit und Stärke. Bei den alten Römern galt es, wer viele Schweine hatte, war reich. Bei Wettbewerben im Mittelalter bekam man ein Schwein als Trostpreis, wenn man als letzter ins Ziel kam. „Er hatte halt Schwein gehabt!" Aus dem Zeichen für Reichtum ist das „Sparschwein" geboren worden. Denn wer sein Geld spart, kann reich werden.

Aufgabe 3: *Nenne zwei weitere Zeichen für Glück:*

1. ________________ 2. ________________

Aufgabe 4:

Suchspiel

Im rechten Foto sind 5 Fehler versteckt. Finde diese und kreise sie ein.

Lernwerkstatt NUTZTIERE IN DER LANDWIRTSCHAFT
Huhn, Schwein, Kuh, Schaf und Co. – Bestell-Nr. 11 861

20. Steckbrief der Hühner

Name:	Huhn
Klasse:	Geflügelartige
Unterordnung:	Haushuhn
Größe:	0,30 – 0,40 m
Gewicht:	2 – 5 kg
Alter:	4 – 8 Jahre
Aussehen:	weiß, schwarz, braun, grau
Ernährung:	Allesfresser
Nahrung:	Gras, Körner, Insekten, Würmer, Schnecken
Verbreitung:	weltweit
Ursprüngliche Herkunft:	Südostasien
Brutzeit:	21 Tage
Sozialverhalten:	Herde
Rassen weltweit:	ca. 420
Weiblich:	Henne, Glucke
Männlich:	Hahn, Gockel
Nachkomme:	Küken

Wyandotten

Große Welsumer

Japanisches Seidenhuhn

Aufgabe 1: *Beantworte folgende Fragen:*

a) Wie nennt man weibliches Huhn? ____________________

b) Wie lange dauert die Brutzeit? ____________________

c) Wie bezeichnet man die Unterordnung der Hühner? ____________

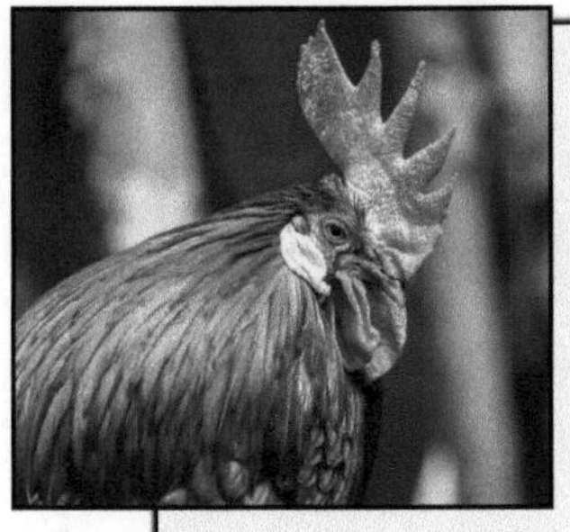

Alle Haushühner stammen vom Bankivahuhn ab. Die wildlebende Stammform des Haushuhns ist in Süd- und Südostasien beheimatet. Der Hahn hat ein sehr prächtiges Federkleid, wobei die Hühner eher unscheinbar braun befiedert sind. Sehr wahrscheinlich gelangten die ersten Bankivahühner 2000 vor Christus in den Orient, 500 Jahre später waren die ersten Hühner dann in Ägypten angekommen. Über Griechenland, Italien und Spanien kamen die ersten Hühner dann ungefähr 600 vor Christus auch zu uns.

Aufgabe 2: *Schreibe in dein Heft.*

a) Durch welche Länder gelangten die Hühner auch zu uns?

b) Wann gelangten die ersten Hühner zu uns?

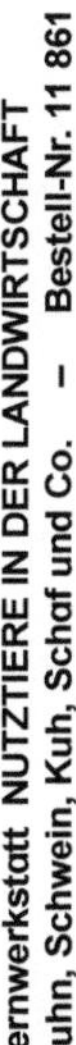

21. Das Huhn und das Ei

Aufgabe 1:

Ach, du dickes Ei! Da hat ein Huhn ausversehen einige Eier auf den Text gelegt. Dabei erkennt man leider die Wörter nicht mehr. Im folgenden Kasten sind sie jedoch vorhanden. Kannst du diese passend in den Text einsetzen?

Kikeriki – Tiere – Reviermarkierung – Abend – Hühner – Sonnenaufgang – Hahn – Zeitangabe – Zeit – imponieren – Hähne – Farben – Mittag – Hahnenschrei – morgens – Eier

___ gibt es in den verschiedensten ___ und Größen. Aber eins haben alle gemeinsam, sie legen ___. In der Umgangssprache werden, egal ob männliche oder weibliche ___, alle mit Huhn bezeichnet. Jedoch ist das biologisch natürlich nicht richtig. Ein ___ kann keine Eier legen!

Aber eins können die ___ gut, das ist das Krähen. Der laute Ruf „___" dient der ___. Gleichzeitig versucht er damit den Hühnerdamen zu ___. Im Altertum diente der ___ sogar als ___. Meist kräht der Hahn ___ bei beginnendem ___, gegen ___ und am ___. Die alten Römer bezeichneten die ___ zwischen Mitternacht und Sonnenaufgang „Gallicinum".

Weibliche Hühner haben unterschiedliche Bezeichnungen. Eine Henne ist ein erwachsenes Huhn, das Eier legt. Ein Huhn, das brütet oder Küken hat, heißt hingegen Glucke. Warum Glucke? Die Bezeichnung rührt daher, dass das Huhn glucksende Laute von sich gibt, um die Küken zu locken. Eine Glucke kann bis zu 15 Eier gleichzeitig ausbrüten. Das Nest mit den Eiern wird Gelege genannt.

Aufgabe 2:

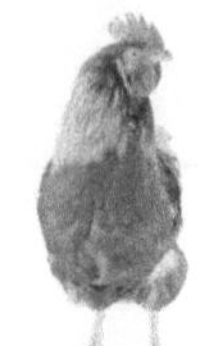

Beantworte folgende Fragen:

a) Wie heißt ein Huhn, das brütet? ______________________

b) Wie heißt das Jungtier der Hühner? ______________________

c) Wie nennt man das Nest mit den Eiern? ______________________

Lernwerkstatt NUTZTIERE IN DER LANDWIRTSCHAFT
Huhn, Schwein, Kuh, Schaf und Co. – Bestell-Nr. 11 861
KOHL VERLAG

21. Das Huhn und das Ei

Die Bezeichnung „Glucke" wird auch auf uns Menschen angewandt. Mütter, die sich sehr um ihre Kinder kümmern und sie gut behüten, werden oft als Glucke bezeichnet.

Aufgabe 3: *Schreibt mit euren eigenen Worten in euer Heft. Warum werden menschliche Mütter als Glucke bezeichnet?*

Das kleine Wunder „Ei"

Unsere Haushühner legen bis zu 300 Eier im Jahr. Das können die Hennen aber nur dann leisten, wenn man ihnen täglich die Eier abnimmt. Somit legt die Henne fast täglich ein Ei.

Das Ei ist ideal konstruiert. Es zeichnet sich durch einen hohen Nährstoffgehalt aus. Muss es ja auch, denn aus den befruchteten Eiern sollen ja Küken schlüpfen.

Aufgabe 4: *Beantworte folgende Fragen:*

a) Welche Form hat ein Ei? ______________________

b) Wie viele Eier legt eine Henne im Jahr? ______________________

Test 2.-3.-4. – Probiert es mal aus

Man kann ganz einfach prüfen ob ein Ei frisch ist. Nehmt dazu ein großes Glas und füllt das mit Wasser. Dann legt ihr vorsichtig das Ei ins Glas und prüft:

Ist das Ei frisch, dann liegt es flach auf dem Glasboden. Ist es schon älter, dann steht das Ei wortwörtlich auf dem Kopf.

Obwohl das Ei durch die Schale geschützt ist, wird die Luftkammer im Laufe der Zeit immer größer. Also je älter ein Ei ist, desto größer ist die Luftkammer. Da Luft immer nach oben will, steht das Ei auf dem Kopf.

Sollte das Ei nicht mehr gut sein, schwimmt es sogar an der Oberfläche.

21. Das Huhn und das Ei

Das kleine Wunder „Ei"

Aufgabe 5: *Führt den **Test 2.-3.-4.** (S. 43) in kleinen Gruppen durch. Beschreibt die einzelnen Schritte und das Ergebnis und schreibt es in eurem Heft auf.*

Ein Ei besteht aus der Schale, die das Innere vor Schaden schützt und die Klimaanlage für das Küken darstellt. Die Eihaut verhindert, dass das Innere austrocknet und schützt das heranwachsende Küken vor Krankheiten. Der ca. 3 cm große gelbe Dotter ist voll mit Nährstoffen, die das Küken im Ei ernährt. Die Hagelschnüre halten den Dotter in der Eimitte. So wird verhindert, dass das Küken an der Eihaut festklebt und stirbt. Das Eiklar ist durch eine sehr dünne Haut (Membran) vom Dotter getrennt. Zu Beginn ist das Eiklar außen dünnflüssig und innen dickflüssig. Je älter das Ei wird, desto dünnflüssiger wird das innere Eiklar. Die Luftkammer bildet sich bei der Eiablage durch auskühlen.

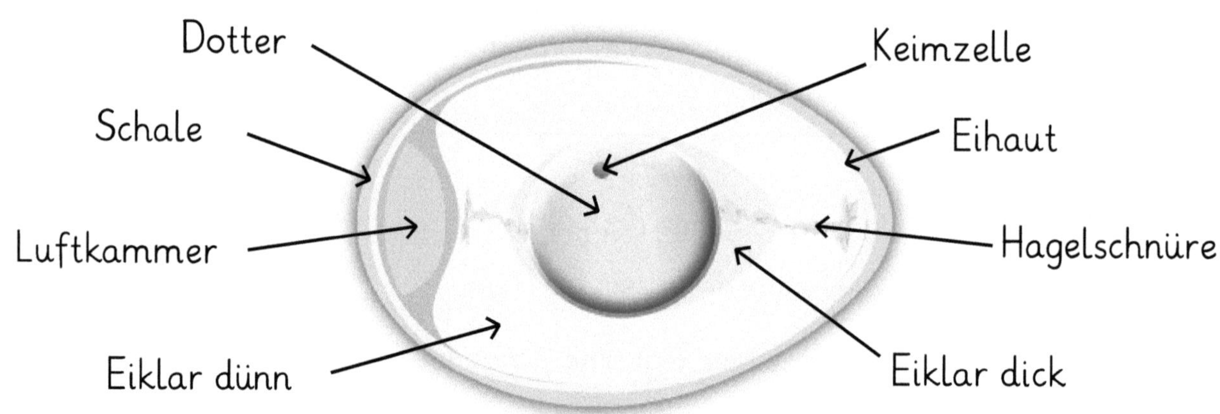

Aufgabe 6: *Malt ein Ei mit seinen Bestandteilen und beschriftet diese.*

Aufgabe 7: *Beantworte die Fragen in ganzen Sätzen in dein Heft.*

a) Wie viele Bestandteile hat ein Ei?
b) Warum sind die Hagelschnüre wichtig?
c) Der Dotter ist voll mit?

KOHL VERLAG Lernwerkstatt NUTZTIERE IN DER LANDWIRTSCHAFT Huhn, Schwein, Kuh, Schaf und Co. - Bestell-Nr. 11 861

21. Das Huhn und das Ei

Eier, die man im Supermarkt kaufen kann, sind nicht befruchtet. Nur aus befruchteten Eiern können Küken schlüpfen. Vom Legedatum aus gerechnet schlüpft das fertige Küken nach 21 Tagen aus dem Ei.

Das junge Küken hat wie jeder Vogel einen Eizahn auf dem Schnabel, den er benutzt, um die Schale zu knacken.

Aus der Eierschale zu kommen ist für das Küken Schwerstarbeit. Der eigentliche Schlüpfvorgang dauert zwischen 15 und 24 Stunden. Denn die „Kleinen" lassen sich Zeit und ruhen sich immer wieder aus.

EA **Aufgabe 8**: *Beantworte die Fragen:*

a) Nach wie vielen Tagen schlüpft ein Küken aus dem Ei? ________

b) Was hat das Küken auf dem Schnabel um die Schale zu knacken? ________________________

c) Wie lange dauert der Schlüpfvorgang? ____________________

Sagen und Mythen rund ums Ei

Mythos 1: *Braune Hühner legen braune Eier und die weißen Eier sind von weißen Hühnern.*

Die Farbe der Federn ist egal, es ist die Rasse die bestimmt, welche Farbe die Eier haben.

Mythos 2: *Wenn man Eier dreht, kann man feststellen, ob sie roh oder ob sie gekocht sind.*

Das ist richtig. Ein rohes Ei dreht sich langsam und ein gekochtes Ei dreht sich schnell. Das liegt an den Fliehkräften. Bei rohen Eiern ist der Inhalt flüssig, dadurch werden die Drehbewegungen gehemmt. Gekochte Eier sind hart. Feste Massen drehen sich schneller.

Mythos 3: *Eier sind gesund!*

Stimmt. Eier bestehen hauptsächlich aus Eiweiß, das hilft unserem Körper selbst Eiweiß aufzubauen. Desweiteren enthalten Eier viele Vitamine und Mineralstoffe.

Aufgabe 9: *Schreibt in euer Heft.*

a) Warum dreht sich ein gekochtes Ei schnell?

b) Weshalb sind Eier gesund?

c) Woran liegt es, dass ein Ei braun und das andere weiß ist?

Lernwerkstatt NUTZTIERE IN DER LANDWIRTSCHAFT
Huhn, Schwein, Kuh, Schaf und Co. – Bestell-Nr. 11 861
KOHL VERLAG

22. Freiland- oder doch Massenhaltung?

Von glücklichen Hühnern ...

Das Haushuhn ist das häufigste Haustier des Menschen. Die meisten Menschen halten sich Hühner, um täglich ein frisches Ei zu haben. Diese Hühner leben zum größten Teil glücklich und dürfen auf der Wiese ihr Leben genießen. Sie haben einen geschützten Stall, wo sie sich ausruhen und ihre Eier legen können. Sie picken den ganzen Tag Gras und freuen sich, wenn Würmer und Insekten ihren Speiseplan erweitern. Wenn die Menschen dann noch eine Hand voll Körner aus Weizen, Mais oder Gerste für sie auswerfen, sind sie zufrieden. Sie freuen sich auf ihr tägliches Bad im Sand, um sich vor Parasiten zu schützen. Die **Hackordnung** regelt das Gemeinschaftsleben:

Was ist denn „Hackordnung"?
Die Hackordnung regelt in der Hühnerherde die Rangfolge. Zuerst kommt der Hahn, dann die älteren Hennen. Danach die jungen Tiere.

Hahn

Der Hahn schützt die Herde vor Feinden.

ältere Hennen

Die älteren Hennen sind stärker und wissen, wo es das beste Futter gibt.

junge Hennen

Wer in der Hackordnung führt, darf als erster fressen, kann sich den besten Schlafplatz aussuchen oder alleine das Sandbad benutzen.

Warum hackt der immer auf mir rum?

Aufgabe 1: *Beantwortet die Fragen.*

a) Was frisst ein Huhn? ______________________

b) Wo leben Hühner am liebsten? ______________________

c) Erklärt die Hackordnung? ______________________

d) Worin baden Hühner? ______________________

e) Ist es euch aufgefallen, im Text fehlt etwas.
Was brauchen alle Tiere zum Leben? ______________________

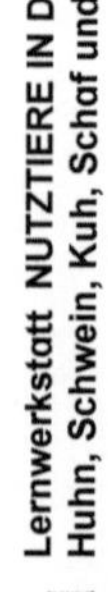

22. Freiland- oder doch Massenhaltung?

… und den anderen Hühnern

Für die Menge von ______________, die die Menschen essen, können die ______________ leider nicht alle in so schöner ______________ wie unsere Haushühner ______________. Hier seht ihr Hühner, von denen die Eier mit der Bezeichnung ______________ stammen. Sieht nicht wirklich gut aus oder was meint ihr? Sie haben nicht genug ______________, da auf einer Fläche von 1m • 1m neun Hennen leben.

Die ______________ funktioniert in solchen Haltungen nicht mehr und das führt zu ______________.

Es geht auch anders! Hier sind Hühner, die im Freiland gehalten werden. Sie haben deutlich mehr Platz und können ihren natürlichen Bedürfnissen folgen.

Aufgabe 2: *Setzt die unten aufgeführten Wörter an ihren Platz.*

Hackordnung – Kämpfen – Hühner – Bodenhaltung – Umgebung – Eiern – Platz – leben

Test zum Ausprobieren

Malt auf dem Schulhof ein Viereck von 1 m • 1 m auf.
Jetzt bildet 4er-Gruppen und probiert euch da reinzustellen.
„Der Platz für jedes Huhn ist so groß wie diese Seite!"

Lernwerkstatt NUTZTIERE IN DER LANDWIRTSCHAFT
Huhn, Schwein, Kuh, Schaf und Co. – Bestell-Nr. 11 861
KOHL VERLAG

22. Freiland- oder doch Massenhaltung?

Die Bremer Stadtmusikanten

(Wilhelm Busch)

Es war einmal ... , ja, so fangen alle Märchen an und dieses erzählt die Geschichte von vier Tieren. Da sie alt und nutzlos waren, sollten sie getötet werden. Aber da hatten die Menschen die Rechnung ohne die Tiere gemacht. Sie können entkommen und treffen sich zufällig auf ihrer Flucht. Der **Hahn** hat die Idee nach **Berlin** zu gehen und dort Stadtmusikant zu werden. Der **Bär**, die **Ente** und der **Bock** finden den Vorschlag fantastisch und so schließen sie sich zusammen und reisen gemeinsam. Da der Weg sehr weit ist, müssen die Freunde im **Garten** übernachten und dabei entdecken sie ein **Zelt**, doch wohnen da schon fiese Gesellen. Da stimmen die Tiere ihren lauten, auf dem Weg geübten Gesang an und verjagen damit die **Prinzessin**. Die Freunde richten sich für die Nacht ein. Doch in der Nacht müssen sie noch einmal die Schurken vertreiben und sie stürzen sich mit lautem Gebrüll auf die Bösen-Buben. Nachdem die schreckliche **Woche** um ist und der Tag anbricht, finden die Freunde die Hütte im Wald so schön, dass sie gar nicht mehr weg möchten. Und so lebten sie bis zu ihrem Ende fröhlich singend zusammen.

Aufgabe 3: *Oh weh, da sind die falschen Worte in den Text gerutscht. Könnt ihr helfen? Schreibe den Text in dein Heft und setze dabei die richtigen Begriff aus dem Kasten ein.*

Bremen – Hahn – Katze – Räuber – Wald – Esel – Räuberhaus – Hund – Nacht

23. Chicken-Wings oder Chicken Nuggets?

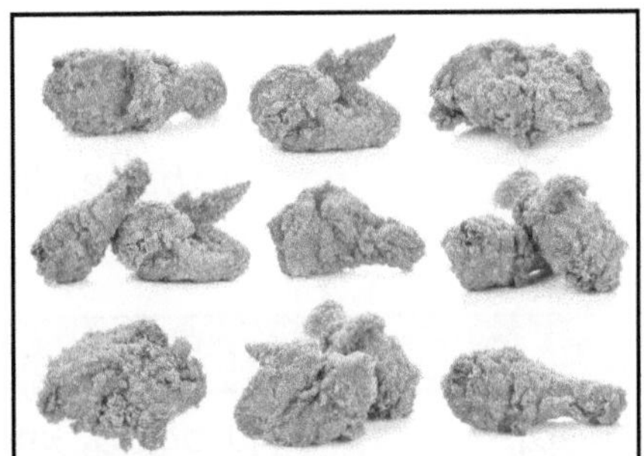

Aus den Hühnern werden aber nicht nur die leckeren „Kleinigkeiten" hergestellt. Der Speiseplan von uns Menschen hat noch viel mehr zu bieten. Zum Beispiel:

Aufgabe 1: *Schreibe die richtige Bezeichnung in die Kästchen.*

Hähnchenschnitzel – Brathähnchen – Hähnchenfilet – Hähnchengeschnetzeltes

23. Chicken-Wings oder Chicken Nuggets?

Aufgabe 2: *Kannst du alle Teile zuordnen? Die Namen findest du in der Tabelle. Schreibe sie mit der passenden Nummer auf die Linien.*

Stück/Name	Beschaffenheit	geeignet für
Kopf	knochig, knorpelig	–
Hals	knorpelig, ohne Fleisch	–
Flügel	knorpelig, knochig wenig Fleisch	Chicken Wings
Brust	feines Fleisch	Hähnchenschnitzel, Hühnerfilet, Geschnetzeltes
Bein	knochig, mit wenig Fleisch	wird gegrillt oder gebraten
Schenkel	knochig, mit Fleisch	wird gegrillt oder gebraten

Nr.	Stück/Name:

Bis auf die Federn werden alle Teile der Hühner verwertet.

Aufgabe 3: *Schreibe in dein Heft:*
Was kann man aus dem Brustfleisch alles machen?

Eure geliebten „Chicken Nuggets" werden meist aus Restfleisch hergestellt, das in die passende Form gepresst wird. Kopf und Hals des Huhns sowie die Innereien werden meistens zu Tierfutter verarbeitet.

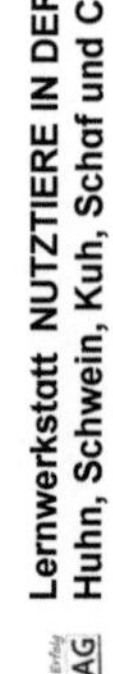

Lernwerkstatt NUTZTIERE IN DER LANDWIRTSCHAFT
Huhn, Schwein, Kuh, Schaf und Co. – Bestell-Nr. 11 861
KOHL VERLAG

24. Hühner und ihre Erzeugnisse – Alles Huhn oder was?

An dieser Stelle gehen wir nicht nur auf die Hühner ein, sondern führen weiteres Geflügel wie Puten und Gänse auf, damit die Lücke der hergestellten Waren geschlossen wird.

Aufgabe 1:

Nenne die drei Bestandteile, die wir erhalten:

1. ______________________

2. ______________________

3. ______________________

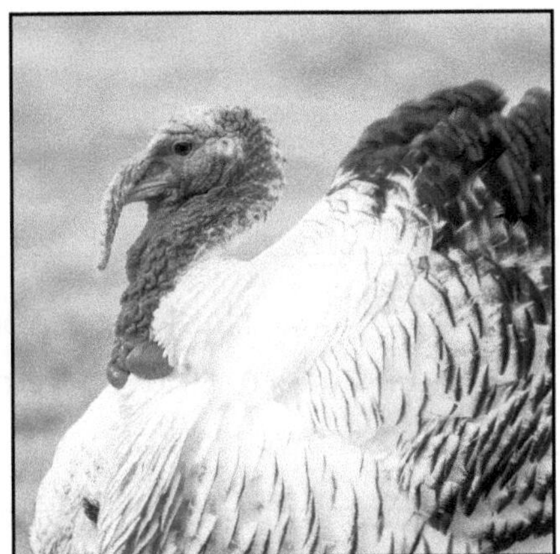

Puten und Gänse gehören ebenfalls zur Gattung Geflügel. Sie sind wesentlich größer, jedoch ist der Körperaufbau der gleiche. Leider sind die Haltungsbedingungen für die Tiere ebenso unterschiedlich wie bei den Hühnern.

So, jetzt wollen wir sehen, was im Einzelnen aus den drei Bestandteilen alles hergestellt wird:

Fleisch Geflügelfleisch aus Hühnern und Puten ist sehr beliebt. Es ist sehr zart und fettarm. Wir zeigen euch eine kleine Auswahl an möglichen Zubereitungen:

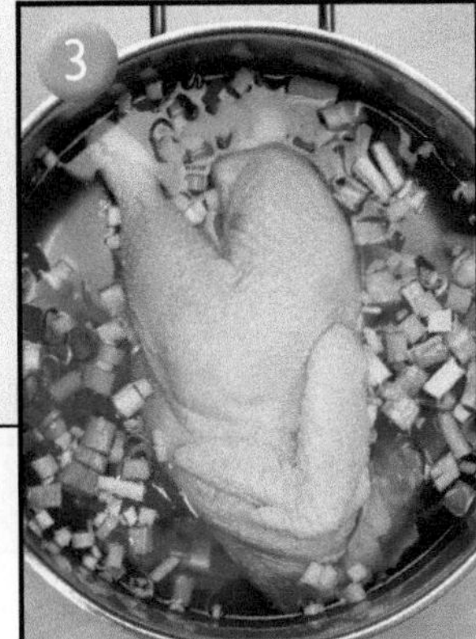

Aufgabe 2:

Schreibe die richtige Nummer vor die Bezeichnung.

◯ Suppenhuhn

◯ Putengeschnetzeltes

◯ Hühnerfrikassee

◯ Putenwurst

◯ Hähnchenbollen

KOHL VERLAG Lernwerkstatt NUTZTIERE IN DER LANDWIRTSCHAFT Huhn, Schwein, Kuh, Schaf und Co. – Bestell-Nr. 11 861

24. Hühner und ihre Erzeugnisse – Alles Huhn oder was?

Aufgabe 3:

Schreibt die Antwort in euer Heft.

Was kann alles aus Eiern hergestellt werden?

Eier Mal ganz abgesehen von unseren Frühstückseiern werden Eier in vielen Speisen verarbeitet:

- Omelette
- Waffeln
- Pudding
- Nudeln
- Pfannkuchen
- Kuchen
- Salate
- und vieles mehr

Federn Habt ihr schon mal den Ausdruck „leicht wie eine Feder" gehört? Nein? Federn sind so leicht, dass sie durch die Luft gleiten und sanft zu Boden schweben können.

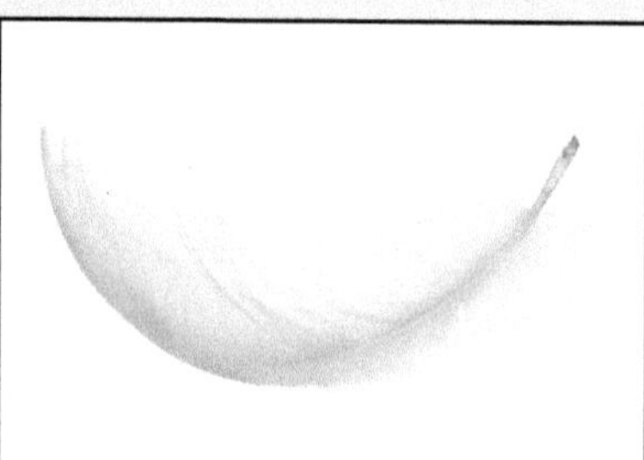

Die meisten Waren werden aus Gänsedaunen hergestellt. Daunen sind die ganz flauschigen Unterfedern. Diese Federn schützen vor Kälte. Deshalb werden sie für Daunenjacken und Kissen sowie Bettdecken verwendet.

Die großen Federn des Überkleides der Vögel werden für Schmuck und zum Basteln genommen.

Aufgabe 4:

Was kennst du, was aus Federn hergestellt wird.

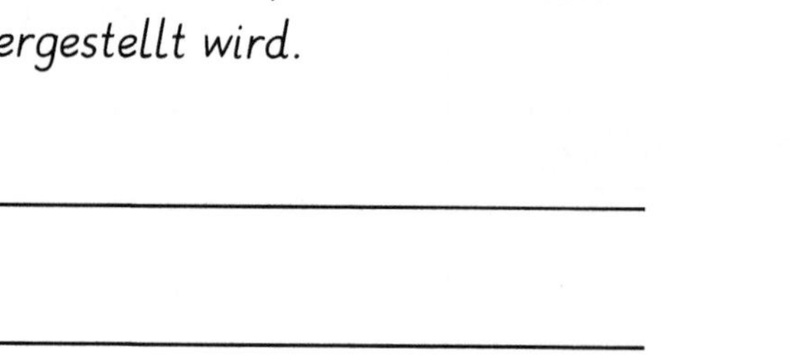

Lernwerkstatt NUTZTIERE IN DER LANDWIRTSCHAFT
Huhn, Schwein, Kuh, Schaf und Co. – Bestell-Nr. 11 861

25. Bienen, die andere Nutztiere in der Landwirtschaft – Von Bienchen und Blümchen

Ohne die fleißigen Bienen würden es keine Blumen oder gar kein Obst geben. Durch ihre emsigen Arbeiterinnen werden die Blüten von Obstbäumen und Blumen bestäubt. Auf dem Bild könnt ihr schön die gesammelten Pollen an den Beinen der Biene erkennen (Kreis).

Aufgabe 1: *Wieso sind Bienen so wichtig für die Pflanzen?*

____

Die Bienen haben ganz besondere Augen. Das Auge ist in zwei Teile unterteilt. Oben seht ihr drei starre Augen (gelb). Damit kann die Biene hell und dunkel unterscheiden. Die beiden fast schwarzen Augen nennt man Facettenaugen. Jedes dieser Augen besteht aus bis zu 5000 Einzelaugen. Das ist als ob wir durch ein Sieb sehen würden. Aus diesen einzelnen Punkten setzt die Biene ein Gesamtbild zusammen. Dadurch kann sie gleichzeitig in verschiedene Richtungen blicken.

Aufgabe 2: *Wieso ist das Auge der Biene so besonders?*

____

____

____

____

25. Bienen, die andere Nutztiere in der Landwirtschaft – Von Bienchen und Blümchen

Natürlich sammeln **Blütensaft** nicht nur **flüssig**, sondern sie trinken auch den **Bienen**. Aus diesem Blütensaft wird im Honigmagen der Bienen **dick**. Da der Blütensaft sehr **Pollen** ist und Honig **Honig** und zähflüssig, können die Bienen sogar das Wasser aus dem Blütensaft filtern.

Den Honig produzieren die Bienen für ihren Winter und als Vorrat für den arbeiten. Wir Menschen machen uns das zu Nutze und lassen die Bienen für unseren Honig **Nachwuchs**.

Der Honig wird in **Vorratskammer** gesammelt und luftdicht verschlossen. Die Waben stellen die Bienen selbst her und ist die **Waben** der Bienen.

Aufgabe 3: *Da hat doch glatt nochmal der Fehlerteufel zugeschlagen. Schreibt den Text ab und setzt die Worte an die richtigen Stellen.*

Ein Löffel Honig pro Tag hilft unserem Körper, die Abwehrkräfte zu stärken, sodass wir nicht so schnell eine Erkältung bekommen können.

Aufgabe 4: *Schreibt in euer Heft!*

a) Aus was machen die Bienen Honig?

b) Was sammeln Bienen sonst noch?

c) Worin schließen die Bienen den Honig ein?

Aufgabe 5: *Wieso ist Honig für unseren Körper wichtig?*

____

____

____

25. Bienen, die andere Nutztiere in der Landwirtschaft – Von Bienchen und Blümchen

Könnt ihr die Unterschiede erkennen?

a) Sie haben einen spitzen Unterleib. Sie sind die lästigen Tiere auf deinem Kuchen. Noch dazu sind sie aggressiv und die Beulen die ihre Stiche verursachen sind riesig. Viele Menschen reagieren mit einer gefährlichen Allergie.

b) Sie sind die Teddybären und der Lüfte. Sie sind gutmütig und sammeln den Nektar und die Pollen, um ihren Nachwuchs zu versorgen.

c) Sie sind riesig und werden fast so groß wie der Zeigefinger eines erwachsenen Menschen. Man sieht sie eher selten.

d) Sie sind unsere Honiglieferanten und weit verbreitet. Ohne sie würde unsere Vielfalt an Obst nicht möglich sein.

Aufgabe 6: *Setzt die passenden Buchstaben zu der jeweilige Art.*

☐

☐

☐

☐

Lernwerkstatt NUTZTIERE IN DER LANDWIRTSCHAFT
Huhn, Schwein, Kuh, Schaf und Co. – Bestell-Nr. 11 861
KOHL VERLAG

26. Ökologie in der Landwirtschaft – So'n Mist aber auch!

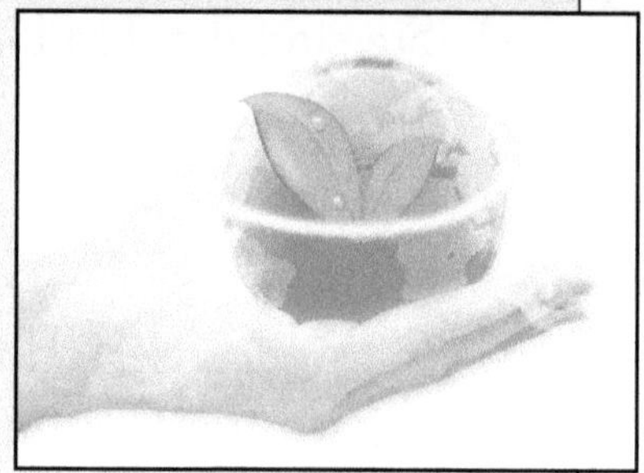

Wie wir bereits erarbeitet haben, sind die Nutztiere in der Landwirtschaft sehr wichtig für unser tägliches Leben. Ohne sie hätten wir nichts zu essen, nichts zum Anziehen und für unsere Gesundheit sorgen sie auch noch. Einfach gesagt, sie sind für uns unersetzlich.

Der Kreislauf des Lebens ist zwar manchmal nicht so schön, doch leider notwendig für unser Überleben. Wenn ihr demnächst Schuhe anzieht, die aus Leder sind, ein Frühstücksmüsli mit Milch esst oder auch einen Löffel Honig nascht, wisst ihr jetzt, woher all die Dinge aus der Natur herkommen.

Der Kreislauf der Natur beinhaltet noch viel mehr! Lasst uns versuchen, diesen noch besser zu verstehen.

Tiere und die aus ihnen gefertigten Waren werden zu Nahrungsmitteln und Nutzmitteln verarbeitet. Alle anderen nicht verwertbaren Teile werden getrocknet und gemahlen und als Dünger für den Boden verwendet. Die Ausscheidungen der Tiere wiederum dienen ebenfalls als Dünger für den Boden.

Aufgabe 1: *Betrachte den Kreislauf auf Seite 57.*
Alles kommt aus der Natur und geht zu ihr zurück. Wenn wir den Pfeilen folgen, sehen wir den Weg. So schließt sich der Kreislauf. Alle einzelnen Gruppen sind voneinander abhängig, ohne die eine kann es die andere nicht geben. Beantworte in dein Heft.

a) Warum sind die Tiere für uns Menschen so wichtig?

b) Benenne die einzelnen Gruppen des Kreislaufs der Natur und erkläre sie.

Lernwerkstatt NUTZTIERE IN DER LANDWIRTSCHAFT
Huhn, Schwein, Kuh, Schaf und Co. – Bestell-Nr. 11 861

26. Ökologie in der Landwirtschaft – So'n Mist aber auch!

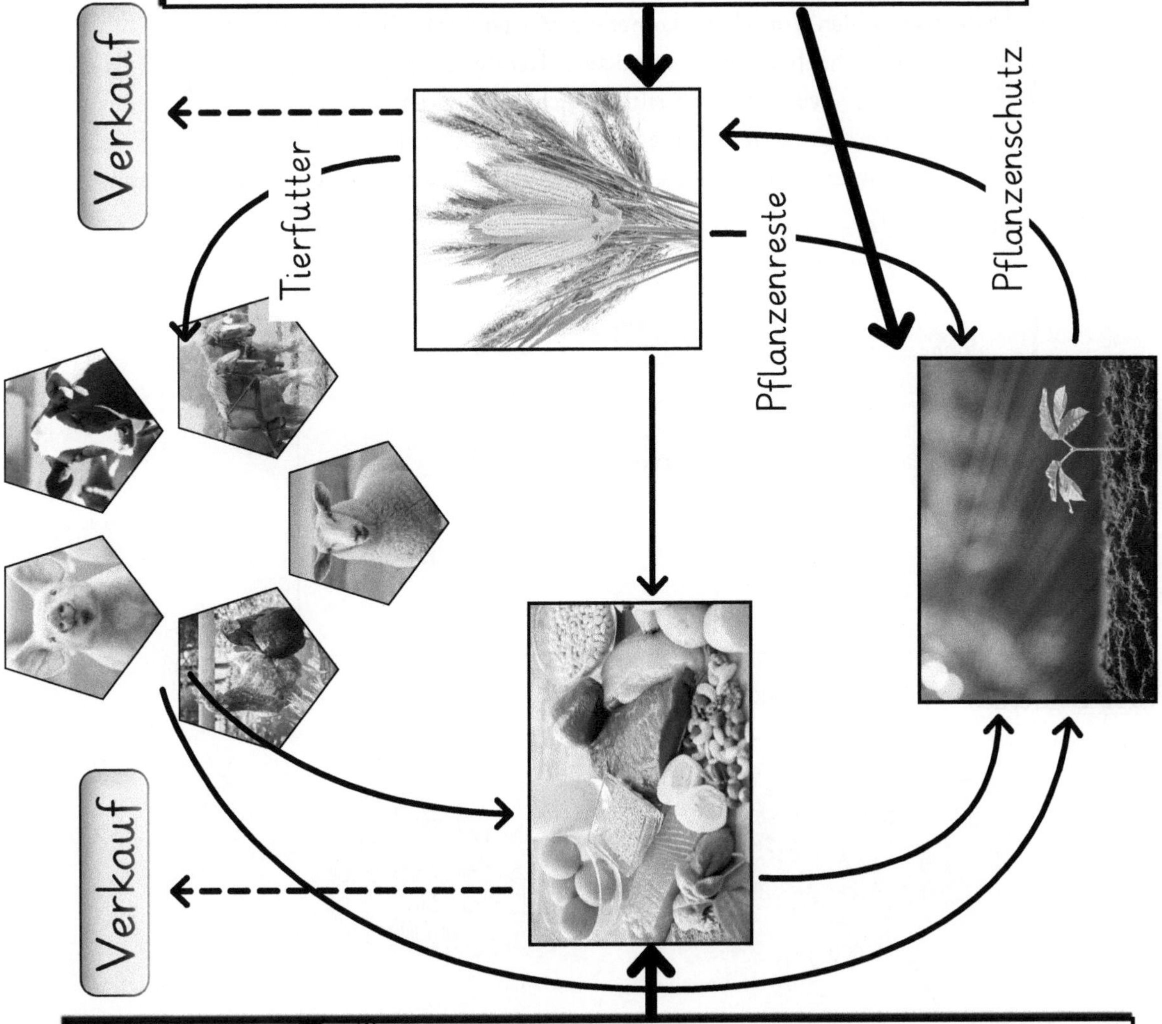

Die **Nahrungsmittel** werden von uns gegessen. Unser Körper wandelt das Essen in Energie um und den Rest scheiden wir aus. Unsere Ausscheidungen werden durch die Kläranlage gefiltert, alle Feststoffe werden getrocknet und kompostiert. Alles was an Nahrungsmitteln nicht verwendet wird bzw. schlecht ist, wird durch die Mülldeponie verbrannt oder kompostiert. Dieser Kompost wandert wiederum als Dünger auf den Boden.

Verkauf

Verkauf

Tierfutter

Pflanzenreste

Pflanzenschutz

Der Boden und die Pflanzen

Der Acker ist wichtig, dort wachsen die Pflanzen die den Tieren als Futter dient und die wir als Nahrungsmittel benötigen. Pflanzenreste verbleiben auf dem Acker und dienen ebenfalls als Dünger.

Lösungen

1. Was heißt eigentlich Nutztier?

Aufgabe 1: Schwein, Kuh, Pferd, Schaf, Huhn.

Aufgabe 2: Schwein, Kuh, Pferd, Schaf, Huhn, **Biene, Gans, Pute, Hase, Kaninchen, Ziege, Enten.**

2. Die Geschichte der Nutztierhaltung

Aufgabe 1: 1. Schaf 2. Ziege

Aufgabe 2: Vor **10.000 Jahren** begannen die Menschen, Nutztiere zu züchten.

Aufgabe 3:
a) Die ersten wilden Vorfahren kamen im vorderasiatischen Gebiet vor.
b) Die Tierkinder halfen den Jägern ältere Tiere anzulocken, damit diese gejagt werden konnten.
c) „Domestiziert" bedeutet – häuslich machen, zähmen.
d) Die Menschen wurden durch die Nutztierhaltung sesshaft.
e) Neben der Tierzucht gingen die Menschen auf die Jagd und sammelten Essbares.

Aufgabe 4: Die Nutztierhaltung begann in **Asien**.

Aufgabe 5:

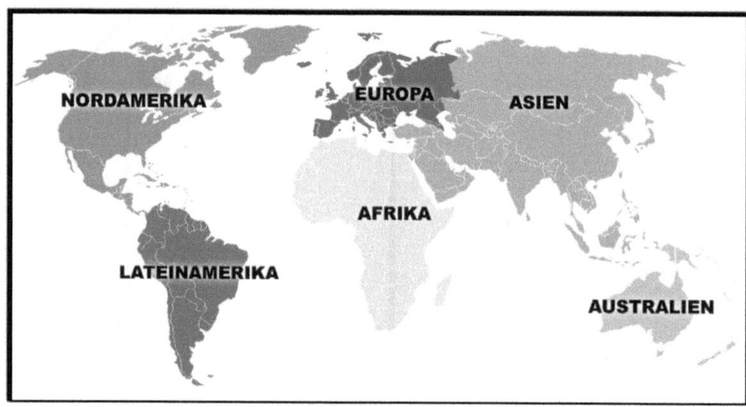

Aufgabe 6: Pferde = 5000 Jahre; Schweine = 9000 Jahre; Kühe = 8500 Jahre

Aufgabe 7:

3. Steckbrief der Kuh

Aufgabe 1:
a) Eine Kuh kann bis zu 20 Jahre alt werden.
b) Eine Kuh frisst hauptsächlich Gras.
c) Das Kind einer Kuh heißt Kalb.
d) Es gibt weltweit ca. 500 verschiedene Rassen.

Aufgabe 2: Die berühmte Kuh heißt **Milka**.

Aufgabe 3: individuelle Lösung

4. Milchkühe – Kühe, die Milchlieferanten der Nation

Aufgabe 1: Die Richtige Antwort ist **4**.

Aufgabe 2: a) 10.000 Liter b) 270 Liter

Aufgabe 3: a) Färse b) vom Monat 0 bis Monat 7 c) zwischen 80 und 120 Liter

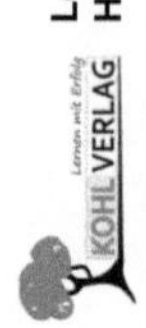
Lernwerkstatt NUTZTIERE IN DER LANDWIRTSCHAFT Huhn, Schwein, Kuh, Schaf und Co. – Bestell-Nr. 11 861
KOHL VERLAG

Lösungen

5. Fleischrinder – Wie kommt mein Steak auf den Teller?

<u>Aufgabe 1</u>: Hallo wir sind die **Rasse** Limousin, wir sind die Fleischlieferanten und sorgen dafür, dass immer ein leckeres Stück **Rindfleisch** auf deinem Teller liegt.

Im Vergleich zu **Milchkühen** sind wir viel muskulöser. Wir sind **einfarbig** und sehr liebevoll mit unserem **Nachwuchs**.

Wenn wir ausgewachsen sind wiegen wir bis zu **850 kg**. Unsere männlichen Tiere werden bis zu 1.400 kg **schwer**.

<u>Aufgabe 2</u>: **1.** Gras **2.** Kraftfutter **3.** Mais

<u>Aufgabe 3</u>: Die weiblichen Jungtiere werden seltener geschlachtet, da sie zur weiteren Zucht genutzt werden.

<u>Aufgabe 4</u>: individuelle Lösungen

<u>Aufgabe 5/6</u>:

1. Nacken	6. Schwanz	11. Vorderbein
2. Hohe Rippe	7. Oberschale	12. Schulter/Bug
3. Roastbeef	8. Hinterbein	13. Brust
4. Hüfte	9. Kugel	14. Rippe
5. Filet	10. Dünnung	

<u>Aufgabe 7</u>: **a)** Roastbeef **b)** Oberschale, Hüfte, Kugel **c)** Filet

6. Kühe und ihre Erzeugnisse – Alles Kuh oder was?

<u>Aufgabe 1</u>: **1.** Fleisch **2.** Knochen **3.** Innereien/Sehnen **4.** Fell **5.** Milch

<u>Aufgabe 2</u>: **1.** Steak **2.** Schaschlik **3.** Rindfleischsuppe **4.** Hamburger **5.** Sauerbraten

<u>Aufgabe 3</u>: **1.** Zum Kochen von Suppen **2.** Man kann Seife daraus herstellen
3. Daraus wird Gelatine erzeugt **4.** Das Mehl wird als Dünger verwendet
5. Das Knochenmehl wird als Zusatzstoff in Tierfutter verwendet

<u>Aufgabe 4</u>: **1.** Wurst **2.** Käse **3.** Bogen für Geigen **4.** Leber und Nieren
5. Kauspielzeug für Hunde

<u>Aufgabe 5</u>: Gürtel, Taschen, Schuhe und Stiefel, Geldbörsen, Fuß- und Handbälle, Sessel und Sofas. Außerdem: Stühle, Schlüsseletui, Sattel, Zaumzeug, Hüte, Jacke, Mantel, Schulranzen, Armbänder, Würfelbecher.

<u>Aufgabe 6</u>: Die Milch kommt natürlich von den **Kühen.**

7. Rätselraten mit Kühen – Rätselkühe

<u>Aufgabe 1</u>: Antwort **d)** ist richtig – Begründung individuell.

<u>Aufgabe 2</u>:

a)	M	I	L	K	A					
b)			J	U	N	G	R	I	N	D
c)	K	A	L	B						
d)				F	L	E	C	K	E	N
e)	O	C	H	S	E					

Lösungswort: **MILCH**

<u>Aufgabe 3</u>:

Lernwerkstatt NUTZTIERE IN DER LANDWIRTSCHAFT
Huhn, Schwein, Kuh, Schaf und Co. – Bestell-Nr. 11 861
KOHL VERLAG

Lösungen

8. Steckbrief der Schafe

Aufgabe 1: Widerkauen bedeutet, dass das bereits im Magen befindliche Fressen wieder hochgewürgt wird, um erneut zerkaut und geschluckt zu werden. Wiederkäuer haben mehrere Mägen.

Aufgabe 2: a) Widder oder Bock b) bis zu 200 kg c) Gras und Kräuter

Aufgabe 3: 1. Ziege 2. Reh 3. Kamel 4. Giraffe 5. Elch

9. Wozu nutzen Schafe?

Aufgabe 1: a) Wolle b) Fleisch c) Milch d) Landschaftspflege

Aufgabe 2:

I 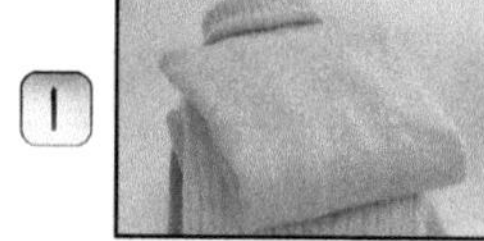

II 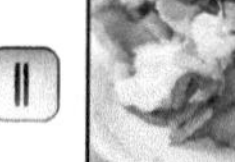

III 

IV 

Aufgabe 3:

Land	Schafe	Platz
Großbritannien	32.856.000 Stück	4
Deutschland	1.600.000 Stück	8
Australien	75.548.000 Stück	2
USA	5.320.000 Stück	7
Indien	75.500.000 Stück	3
China	185.000.000 Stück	1
Neuseeland	30.377.000 Stück	5
Türkei	27.426.000 Stück	6

Aufgabe 4: Die meisten Schafe gibt es in **China**.

10. Von Schäfchen, Hunden und Hirten

Aufgabe 1: Der „Hauptberuf" der Schafe ist die **Landschaftspflege**.

Aufgabe 2: a) Die Schafe leben ganzjährig auf der Weide.
b) Die Schafe sind durch ihre Wolle vor Wind und Kälte geschützt.
c) Die Lämmer kommen im April auf die Welt.
d) Die Schafschur findet im Frühjahr statt.

Aufgabe 3: Einmal im **Jahr** werden die Schafe **geschoren**. Dazu wird eine Schermaschine benutzt. Die **Maschine** sieht genau so aus, wie die bei eurem Friseur, nur wesentlich größer. Die Schafscherer gehen dabei sehr **vorsichtig** vor. Um den **Schafen** nicht weh zu tun und die Schur so stressfrei wie möglich zu machen, **beeilen** sie sich. Ein Neuseeländer hat die beste **Technik** entwickelt und es darin zur **Meisterschaft** gebracht. W.G. Bowens stellte 1953 einen bis heute gültigen **Weltrekord** auf. Er scherte 456 Schafe in nur 9 **Stunden**. Das ist pro Schaf eine Zeit von einer Minute und 18 Sekunden.

Aufgabe 4: a) Schermaschine b) Bowens-Schur c) Flies

11. Der Wolf – Gefahr für die Schafherde!

Aufgabe 1: a) Der Wolf b) Der Wolf und die sieben Geißlein c) Der Hütehund

Aufgabe 2:

Rottweiler

Kuvasz

Altdeutscher Hütehund

Schäferhund

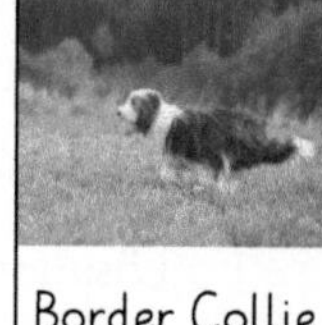
Border Collie

Aufgabe 3: Schäfchen zählt man **zum Einschlafen**.

KOHL VERLAG
Lernwerkstatt NUTZTIERE IN DER LANDWIRTSCHAFT
Huhn, Schwein, Kuh, Schaf und Co. – Bestell-Nr. 11 861

Lösungen

12. Schafe und ihre Erzeugnisse – alles Schaf oder was?

Aufgabe 1: 1. Fleisch 2. Knochen 3. Fell 4. Wolle 5. Milch

Aufgabe 2: 1. Kebab 2. Lammspieß 3. Kebabspieß 4. Couscous 5. Koteletts
Zusatzfrage: individuelle Lösung

Aufgabe 3: Die Knochen der Schafe werden getrocknet und gemahlen.

Aufgabe 4: individuelle Lösungen

Aufgabe 5: Aus Wolle kann man auch Teppiche und Stoffe herstellen.

Aufgabe 6: Die Creme eignet sich so gut, da sie durch das Wollfett (Lanolin) eine heilende Wirkung hat.

13. Rätseln mit Schafen – „Schätzeln"

Aufgabe 1: Es ist natürlich ein **Schaf**. ⟶

Aufgabe 2: Das richtige Wollknäuel ist **a)**.

Aufgabe 3:

Die Lösung besteht darin, dass der Bauer auf dem Rückweg auch etwas transportieren kann. Zuerst nimmt er das Schaf mit, dann den Wolf. Nun wird das Schaf aber wieder mit zurückgenommen. Als nächstes kommt der Blumenkohl über den Fluss. Zuletzt nimmt der Bauer noch einmal das Schaf mit.

14. Steckbrief der Schweine

Aufgabe 1: a) 0,80 - 0,90 m b) Naher Osten c) Sau d) im Matsch wälzen

Aufgabe 2: Der Filmstar ist **„Schweinchen Babe"**.

15. Zuerst kam das Wildschwein – Der Ursprung aller Schweine

Aufgabe 1: a) Bache b) Keiler c) Frischling

Aufgabe 2: Am besten geht man Wildschweinen aus dem Weg und stört sie nicht. Falls doch eines angreifen sollte, nicht wegrennen, sondern auf einen Baum klettern.

Aufgabe 3: a) Hauer b) 30 cm c) sie verteidigen ihren Nachwuchs

Aufgabe 4: Die **Leibspeise** der Wildschweine sind **Eicheln** (Nussfrucht des Eichenbaumes). Um an die Eicheln zu gelangen, graben die **Wildschweine** regelrecht den **Waldboden** um. Damit helfen sie im Wald, denn auf dem gelockerten **Boden** können schnell wieder neue Pflanzen und **Bäume** wachsen. Somit tragen sie zur Erhaltung unserer **Wälder** bei.

16. Zuerst kam das Wildschwein – Der Ursprung aller Schweine

Aufgabe 1:

Zuchtsauenhaltung

Ferkelaufzucht

Schweinemast

Zuchteberhaltung

Aufgabe 2: a) Auslauf b) Strohbett c) Kotecke d) Suhle e) Scheuerstelle
f) Fressplatz g) Tränke

Aufgabe 3: individuelle Arbeit

Lernwerkstatt NUTZTIERE IN DER LANDWIRTSCHAFT
Huhn, Schwein, Kuh, Schaf und Co. – Bestell-Nr. 11 861

Lösungen

17. Schwein gehabt? – Schweinekotelett, Schnitzel oder doch Schinkenbraten?

Aufgabe 1:

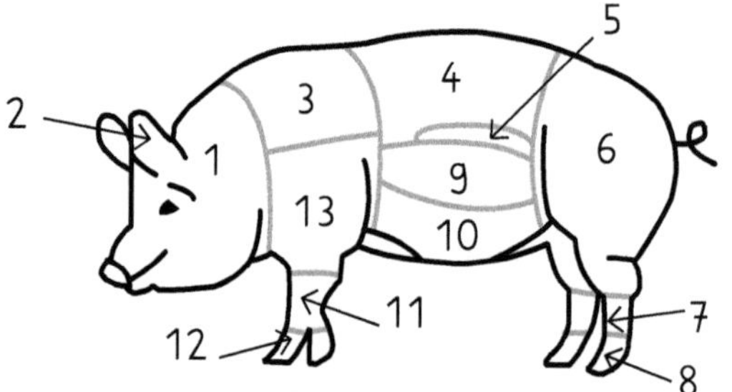

1. Kopf	8. Pfote
2. Ohr	9. Rippe
3. Nacken	10. Bauch
4. Rücken	11. Bein
5. Filet	12. Pfote
6. Hinterschinken	13. Schulter
7. Bein	

Aufgabe 2: **a)** Filet **b)** Ohr, Pfote, Schwanz **c)** individuelle Antwort

18. Alles Schwein oder was?

Aufgabe 1: **1.** Fleisch **2.** Knochen **3.** Innereien/Sehnen **4.** Haut **5.** Haare

Aufgabe 2: **1.** Grillhaxe **2.** Filet **3.** Nackensteak **4.** Bratwurst **5.** Bauchfleisch **6.** Salami **7.** Frischwurstaufschnitt **8.** Roher Schinken

Aufgabe 3: Aus der Schweineleber wird Leberwurst hergestellt.
Saumagen ist eine Wurstspezialität aus Bayern.

Aufgabe 4: Aus den **Knochen** von Schweinen und Rindern wird zum Beispiel **Gelatine** hergestellt. Gelatine ist ein Mittel, um flüssiges im kalten Zustand **fest** zu machen. Ein Beispiel dafür sind „Gummi-**Bärchen**". Ebenso werden aus den Knochen und **Fleischresten** sowie einigen Gewürzen **Brühwürfel** hergestellt, die zum Würzen von **Suppen** oder Eintöpfen benutzt werden. Alles was sonst an Knochen übrig bleibt wird getrocknet und gemahlen. Das **Knochenmehl** wird entweder als **Dünger** benutzt oder wird zum **Tierfutter** weiterverarbeitet.

Aufgabe 5: Zum Beispiel: Gürtel, Taschen, Schuhe und Stiefel, Geldbörsen, Fuß- und Handbälle, Sessel und Sofas, Stühle, Schlüsseletui, Sattel, Zaumzeug, Hüte, Jacke, Mantel, Schulranzen, Armbänder, Würfelbecher.

Aufgabe 6: Die Haare von Schweinen nennt man **Borsten**.

Aufgabe 7: In der Forschung werden Schweine als Versuchstiere gehalten.

19. Alles Schwein oder was?

Aufgabe 1: 1. = c) 2. = d) 3. = a) 4. = b)

Aufgabe 2: 1. = falsch 2. = falsch 3. = richtig 4. = richtig

Aufgabe 3: Weitere Glücksbringer sind: Glücksklee, Hufeisen, Marienkäfer

Aufgabe 4:

20. Steckbrief der Hühner

Aufgabe 1: **a)** Henne oder Glucke **b)** 21 Tage **c)** Haushuhn

Aufgabe 2: **a)** Orient, Ägypten, Griechenland, Italien, Spanien **b)** 600 vor Christus

Lösungen

21. Das Huhn und das Ei

Aufgabe 1: **Hühner** gibt es in den verschiedensten **Farben** und Größen. Aber eins haben alle gemeinsam, sie legen **Eier**. In der Umgangssprache werden, egal ob männliche oder weibliche **Tiere**, alle mit Huhn bezeichnet. Jedoch ist das biologisch natürlich nicht richtig. Ein **Hahn** kann keine Eier legen!

Aber eins können die **Hähne** gut, das ist das Krähen. Der laute Ruf „**Kikeriki**" dient der **Reviermarkierung**. Gleichzeitig versucht er damit den Hühnerdamen zu **imponieren**. Im Altertum diente der **Hahnenschrei** sogar als **Zeitangabe**. Meist kräht der Hahn **morgens** bei beginnendem **Sonnenaufgang**, gegen **Mittag** und am **Abend**. Die alten Römer bezeichneten die **Zeit** zwischen Mitternacht und Sonnenaufgang „Gallicinum".

Aufgabe 2: Das brütende Huhn ist die **Glucke**.
Das Jungtier ist das **Küken**.
Das Nest mit den Eiern nennt man **Gelege**.

Aufgabe 3: individuelle Lösungen

Aufgabe 4: **a)** Oval **b)** 300 Stück

Aufgabe 5: individuelle Lösung

Aufgabe 6: siehe rechts

Aufgabe 7: **a)** 8 Bestandteile **b)** Die Hagelschnüre halten den Dotter in der Eimitte.
c) Nährstoffen

Aufgabe 8: **a)** 21 Tage **b)** Eizahn **c)** bis zu 24 Stunden

Aufgabe 9: **a)** Wegen der Fliehkräfte, da der Inhalt des Eies fest ist, dreht sich das Ei schnell.
b) Eier sind gesund, weil sie viel Eiweiß enthalten, das unserem Körper hilft, selber Eiweiß herzustellen und es sind viele Vitamine und Mineralstoffe im Ei enthalten.
c) Das liegt an der Rasse der Hühner.

22. Freiland- oder doch Massenhaltung?

Aufgabe 1: **a)** Gras, Würmer und Insekten **b)** Auf der Wiese
c) Die Hackordnung regelt in der Hühnerherde die Rangfolge. Zuerst kommt der Hahn, dann die älteren Hennen. Danach die jungen Tiere. **d)** Im Sand **e)** Wasser

Aufgabe 2: Für die Menge von **Eiern**, die die Menschen essen, können die **Hühner** leider nicht alle in so schöner **Umgebung** wie unsere Haushühner **leben**. Hier seht ihr Hühner, von denen die Eier mit der Bezeichnung **Bodenhaltung** stammen. Sieht nicht wirklich gut aus oder was meint ihr? Sie haben nicht genug **Platz**, da auf einer Fläche von 1 m x 1 m 9 Hennen leben.
Die **Hackordnung** funktioniert in solchen Haltungen nicht mehr und das führt zu **Kämpfen**.

Aufgabe 3: **Die Bremer Stadtmusikanten (Wilhelm Busch)**
Es war einmal... , ja so fangen alle Märchen an und dieses erzählt die Geschichte von vier Tieren. Da sie alt und nutzlos waren, sollten sie getötet werden. Aber da hatten die Menschen die Rechnung ohne die Tiere gemacht. Sie können entkommen und treffen sich zufällig auf ihrer Flucht. Der **Esel** hat die Idee nach **Bremen** zu gehen und dort Stadtmusikant zu werden. Der **Hund**, die **Katze** und der **Hahn** finden den Vorschlag fantastisch und so schließen sie sich zusammen und reisen gemeinsam. Da der Weg sehr weit ist, müssen die Freunde im **Wald** übernachten und dabei entdecken sie ein **Räuberhaus**, doch wohnen da schon fiese Gesellen. Da stimmen die Tiere ihren lauten, auf dem Weg geübten Gesang an und verjagen damit die **Räuber**. Die Freunde richten sich für die Nacht ein. Doch in der Nacht müssen sie noch einmal die Schurken vertreiben und sie stürzen sich mit lautem Gebrüll auf die Bösen-Buben. Nachdem die schreckliche **Nacht** um ist und der Tag anbricht, finden die Freunde die Hütte im Wald so schön, dass sie gar nicht mehr weg möchten. Und so lebten sie bis zu ihrem Ende fröhlich singend zusammen.

Lernwerkstatt NUTZTIERE IN DER LANDWIRTSCHAFT
Huhn, Schwein, Kuh, Schaf und Co. – Bestell-Nr. 11 861
KOHL VERLAG

Lösungen

23. Chicken-Wings oder Chicken Nuggets?

Aufgabe 1:

Hähnchen-geschnetzeltes

Hähnchenfilet

Hähnchen-schnitzel

Brathähnchen

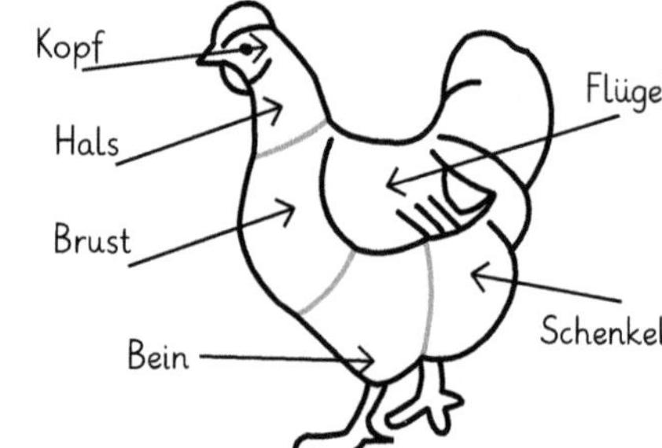

Aufgabe 2: individuelle Lösungen, Zeichnung siehe rechts

Aufgabe 3: Man kann zum Beispiel Hähnchenschnitzel, Hühnerfilet oder Geschnetzeltes daraus machen.

24. Hühner und ihre Erzeugnisse – Alles Huhn oder was?

Aufgabe 1: a) Fleisch b) Eier c) Federn

Aufgabe 2: 1. Putengeschnetzeltes 2. Hühnerfrikassee 3. Suppenhuhn 4. Hähnchenbollen 5. Putenwurst

Aufgabe 3: Omelette, Waffeln, Pudding, Nudeln, Pfannkuchen, Kuchen, Salate.

Aufgabe 4: individuelle Lösungen

25. Bienen, die andere Nutztiere in der Landwirtschaft – von Bienchen und Blümchen

Aufgabe 1: individuelle Lösungen

Aufgabe 2: individuelle Lösungen (Bestäubung, Verbreitung)

Aufgabe 3: Natürlich sammeln **Bienen** nicht nur **Pollen**, sondern sie trinken auch den **Blütensaft**. Aus diesem Blütensaft wird im Honigmagen der Bienen **Honig**. Da der Blütensaft sehr **flüssig** ist und Honig **dick** und zähflüssig, können die Bienen sogar das Wasser aus dem Blütensaft filtern. Den Honig produzieren die Bienen für ihren **Nachwuchs** und als Vorrat für den **Winter**. Wir Menschen machen uns das zu Nutze und lassen die Bienen für unseren Honig **arbeiten**. Der Honig wird in **Waben** gesammelt und luftdicht verschlossen. Die Waben stellen die Bienen selber her und ist die **Vorratskammer** der Bienen.

Aufgabe 4: a) Blütensaft b) Pollen c) Waben

Aufgabe 5: Der Honig stärkt unsere Abwehrkräfte, sodass wir nicht so schnell eine Erkältung bekommen können.

Aufgabe 6:

d)

c)

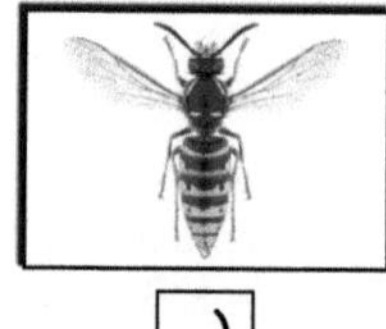
a)

b)

26. Ökologie in der Landwirtschaft – so'n Mist aber auch!

Aufgabe 1: a) Ohne die Tiere hätten wir nichts zu Essen und nichts zum Anziehen. Ebenso sind sie für unsere Gesundheit wichtig.

b) individuelle Lösungen

Lernwerkstatt NUTZTIERE IN DER LANDWIRTSCHAFT
Huhn, Schwein, Kuh, Schaf und Co. – Bestell-Nr. 11 861